最新法律文件解读丛书

民事
法律文件解读

MINSHI FALU WENJIAN JIEDU

人民法院出版社 编

总第203辑 2021.11

人民法院出版社

图书在版编目(CIP)数据

民事法律文件解读．总第203辑 / 人民法院出版社编
．-- 北京：人民法院出版社，2021.12
（最新法律文件解读丛书）
ISBN 978-7-5109-3359-2

Ⅰ.①民… Ⅱ.①人… Ⅲ.①民法－法律解释－中国 ②民事诉讼法－法律解释－中国 Ⅳ.①D923.05 ②D925.105

中国版本图书馆CIP数据核字（2021）第249701号

民事法律文件解读·总第203辑
人民法院出版社 编

责任编辑 丁丽娜
出版发行 人民法院出版社
地 址 北京市东城区东交民巷27号 邮编 100745
电 话 (010)67550608(责任编辑) 67550558(发行部查询)
65223677(读者服务部)
客服QQ 2092078039
网 址 http://www.courtbook.com.cn
E-mail courtbook@sina.com
印 刷 三河市国英印务有限公司
经 销 新华书店
开 本 787毫米×1092毫米 1/16
字 数 115千字
印 张 8
版 次 2021年12月第1版 2021年12月第1次印刷
书 号 ISBN 978-7-5109-3359-2
定 价 28.00元

卷首语

为贯彻落实党中央关于完善四级法院审级职能定位的决策部署，认真落实全国人大常委会《关于授权最高人民法院组织开展四级法院审级职能定位改革试点工作的决定》（以下简称《授权决定》），推动完善我国诉讼制度，加强审级制约监督体系建设，实现法律正确统一适用，2021 年 9 月 27 日，最高人民法院印发《关于完善四级法院审级职能定位改革试点的实施办法》（以下简称《试点实施办法》，正式启动为期二年的试点工作。试点法院将根据《授权决定》和《试点实施办法》，调整适用相关法律规定。《试点实施办法》共 23 条，明确了改革试点的工作目标、主要任务、试点范围和期限及配套保障举措等内容，是开展试点工作的具体依据，内容主要包括五个方面：一是明确四级法院审级职能定位；二是完善行政案件级别管辖制度；三是完善案件提级管辖机制；四是改革再审程序；五是完善最高人民法院审判权力运行机制。本辑重点收录了《试点实施办法》以及最高人民法院有关负责人解读文章，就《试点实施办法》的起草背景、基本思路、主要内容和推进实施中需要把握的重点问题进行详细阐述与说明。

2021 年 9 月 13 日，最高人民法院发布《最高人民法院关于推动新时代人民法庭工作高质量发展的意见》（以下简称《意见》）。《意见》共 35 条，主要包括积极服务全面推进乡村振兴、服务基层社会治理、服务人民群众高品质生活需要、深化人员管理机制改革、建立健全人民法庭工作考核机制、加强人民法庭建设保障和加强人民法庭工作组织领导等七大方面内容。本辑收录了最高人民法院相关负责人就《意见》解读文章，以期对理解与适用该司法文件有所助益。

《最新法律文件解读》丛书

编 辑 部

兰丽专 （010）67550626

丁丽娜 （010）67550608

张 奎 （010）67550673

路建华 （010）67550660

杨晓燕 （010）67550508

执行编辑 丁丽娜

邮 箱 dlnlaw@163.com

目录

司法解释、司法指导性文件与解读

司法解释、司法指导性文件与解读

最高人民法院

关于印发《关于完善四级法院审级职能定位改革试点的实施办法》的通知

2021年9月27日　　法〔2021〕242号

各省、自治区、直辖市高级人民法院，新疆维吾尔自治区高级人民法院生产建设兵团分院：

根据中央全面深化改革委员会审议通过的《关于完善四级法院审级职能定位的改革方案》（中政委〔2021〕45号）和第十三届全国人大常委会第三十次会议作出的《全国人民代表大会常务委员会关于授权最高人民法院组织开展四级法院审级职能定位改革试点工作的决定》（人大常会字〔2021〕38号），结合工作实际，经认真研究，最高人民法院制定了《关于完善四级法院审级职能定位改革试点的实施办法》，已于2021年9月16日由最高人民法院审判委员会第1846次会议通过，自2021年10月1日起施行。现将文件印发给你们，请认真组织实施。实施过程中遇有情况和问题，请及时层报最高人民法院。

关于完善四级法院审级职能定位改革试点的实施办法

为进一步深化诉讼制度改革，明确四级法院审级职能定位，加强审级制约监督体系建设，实现依法纠错与维护生效裁判权威相统一，推动法律正确统一适用，根据中央全面深化改革委员会审议通过的《关于完善四级法院审级职能定位的改革方案》、第十三届全国人民代表大会常务委员会第三十次会议作出的《关于授权最高人民法院组织开展四级法院审级职能定位改革试点工作的决定》和相关法律规定，结合审判工作实际，制定本办法。

一、一般规定

第一条 各级人民法院应当根据本办法，健全工作衔接机制、完善内设机构设置、优化审判力量配置，在实现审判重心进一步下沉的同时，推动将涉及重大国家利益、社会公共利益和具有普遍法律适用指导意义的案件交由较高层级法院审理，逐步实现基层人民法院重在准确查明事实、实质化解纠纷；中级人民法院重在二审有效终审、精准定分止争；高级人民法院重在再审依法纠错、统一裁判尺度；最高人民法院监督指导全国审判工作、确保法律正确统一适用。通过依法有序开展试点工作，充分发挥四级两审审级制度优势，加快推进审判体系和审判能力现代化，为全面建设社会主义现代化国家提供有力司法服务和保障。

二、完善行政案件级别管辖制度

第二条 下列以县级、地市级人民政府为被告的第一审行政案件，由基层人民法院管辖：

（一）政府信息公开案件；

（二）不履行法定职责的案件；

（三）行政复议机关不予受理或者程序性驳回复议申请的案件；

（四）土地、山林等自然资源权属争议行政裁决案件。

第三条 中级人民法院对于公民、法人或者其他组织以县级、地市级人民政府为被告提起的诉讼，根据本办法第二条不属于本院管辖的，应当及时告知其向有管辖权的基层人民法院提起诉讼；当事人坚持起诉的，可以将案件直接移送有管辖权的基层人民法院。

三、完善案件提级管辖机制

第四条 基层人民法院对所管辖的第一审民事、刑事、行政案件，认为属于下列情形之一，需要由中级人民法院审理的，可以报请上一级人民法院审理：

（一）涉及重大国家利益、社会公共利益，不宜由基层人民法院审理的；

（二）在辖区内属于新类型，且案情疑难复杂的；

（三）具有普遍法律适用指导意义的；

（四）上一级人民法院或者其辖区内各基层人民法院之间近三年裁判生效的同类案件存在重大法律适用分歧，截至案件审理时仍未解决的；

（五）由中级人民法院一审更有利于公正审理的。

中级人民法院对辖区基层人民法院已经受理的第一审民事、刑事、行政案件，认为属于上述情形之一，有必要由本院审理的，应当决定提级管辖。

第五条 中级人民法院对所管辖的第一审民事、刑事、行政案件，认为属于下列情形之一，需要由高级人民法院审理的，可以报请上一级人民法院审理：

（一）具有普遍法律适用指导意义的；

（二）上一级人民法院或者其辖区内各中级人民法院之间近三年裁判生效的同类案件存在重大法律适用分歧，截至案件审理时仍未解决的；

（三）由高级人民法院一审更有利于公正审理的。

高级人民法院对辖区中级人民法院已经受理的第一审民事、刑事、行政案件，认为属于上述情形之一，有必要由本院审理的，应当决定提级管辖。

第六条 本办法所称具有普遍法律适用指导意义的案件，是指法律、司法解释规定不明确或者司法解释没有规定，需要通过司法裁判进一步明确法律适用的案件。

第七条 案件报请上一级人民法院审理的，应当经本院院长批准，至迟于案件法定审理期限届满三十日前报送；涉及法律统一适用问题的，应当经审判委员会讨论决定。

第八条 上级人民法院收到下一级人民法院根据本办法第四条、第五条提出的请求后，由立案庭转相关审判庭审查，并应当在十五日内作出下述处理：

（一）同意提级管辖；

（二）不同意提级管辖。

中级、高级人民法院根据本办法第四条、第五条提级管辖的案件，应当报上一级人民法院立案庭备案。

第九条 上级人民法院决定提级管辖的案件，由检察机关提起公诉的，应当同时书面通知同级人民检察院。

原受诉人民法院收到上一级人民法院同意提级管辖的文书后，应当在十日内将案卷材料移送上一级人民法院，并书面通知当事人；对检察机关提起公诉的案件，应当书面通知同级人民检察院，将案卷材料退回检察机关，并书面通知当事人。

第十条 按本办法提级管辖案件的审理期限，自上一级人民法院立案之日起重新计算。

向上一级人民法院报送期间和上一级人民法院审查处理期间，不计入原审案件审理期限。

四、改革再审程序

第十一条 当事人对高级人民法院作出的已经发生法律效力的民事、行政判决、裁定，认为有错误的，应当向原审高级人民法院申请再审；符合下列情形之一的，可以向最高人民法院申请再审：

（一）再审申请人对原判决、裁定认定的基本事实、主要证据和诉讼程序无异议，但认为适用法律有错误的；

（二）原判决、裁定经高级人民法院审判委员会讨论决定的。

当事人对高级人民法院作出的已经发生法律效力的民事、行政调解书申请再审的，应当向相关高级人民法院提出。

第十二条 当事人根据本办法第十一条第一款第一项向最高人民法院申请再审的，除依法必须载明的事项外，应当在再审申请书中声明对原判决、裁定认定的基本事实、认定事实的主要证据、适用的诉讼程序没有异议，同时载明案件所涉法律适用问题的争议焦点、生效裁判适用法律存在错误的论证理由和依据。

再审申请人提交的再审申请书不符合前款要求的，最高人民法院应当给予指导和释明，一次性全面告知其在十日内予以补正。再审申请人无正当理由逾期未予补正的，按撤回申请处理。

第十三条 最高人民法院应当自收到民事、行政再审申请书之日起三十日内，决定由本院或者作出生效判决、裁定的高级人民法院审查。民事、行政申请再审案件符合下列情形之一的，最高人民法院可以决定由原审高级人民法院审查：

（一）案件可能存在基本事实不清、诉讼程序违法、遗漏诉讼请求情形的；

（二）原判决、裁定适用法律可能存在错误，但不具有法律适用指导意义的。

最高人民法院决定将案件交原审高级人民法院审查的，应当在十日内将决定书、再审申请书和相关材料送原审高级人民法院立案庭，并书面通知再审申请人。

第十四条 原判决、裁定适用法律确有错误，且符合下列情形之一的，最高人民法院应当裁定提审：

（一）具有普遍法律适用指导意义的；

（二）最高人民法院或者不同高级人民法院之间近三年裁判生效的同类案件存在重大法律适用分歧，截至案件审理时仍未解决的；

（三）最高人民法院认为应当提审的其他情形。

最高人民法院对地方各级人民法院、专门人民法院已经发生法律效力的判决、裁定，发现确有错误，且符合前款所列情形之一的，可以裁定提审。

第十五条 高级人民法院对受理的民事、行政申请再审案件，认为原判决、裁定适用法律确有错误，且符合本办法第十四条第一款第一项、第二项所列情形之一，需要由最高人民法院审理的，经审判委员会讨论决定后，可以报请最高人民法院审理。

最高人民法院收到高级人民法院根据前款规定提出的请求后，认为有必要由本院审理的，裁定提审；认为没有必要的，不予提审。

第十六条 当事人向最高人民法院申请再审的，最高人民法院应当向其释明委托律师作为诉讼代理人的必要性。

对于委托律师有困难的再审申请人，最高人民法院应当及时告知其有权申请法律援助。

五、完善最高人民法院审判权力运行机制

第十七条 最高人民法院立案庭和各巡回法庭、知识产权法庭的诉讼服务中心根据法律、司法解释和本办法第十二条的规定收取申请再审材料，确保材料齐全；材料齐全的，交由相关审判庭、巡回法庭、知识产权法庭的审判人员审核。

第十八条 因统一法律适用、审判监督管理等工作需要，最高人民法院相关审判庭和各巡回法庭、知识产权法庭可以向审判管理办公室提出申请，报院长批准后，组成跨审判机构的五人以上合议庭。最高人民法院院长认为确有必要的，可以直接要求就特定案件组成跨审判机构的合议庭，并指定一名大法官担任审判长。

最高人民法院开庭审理具有普遍法律适用指导意义的案件，可以结合案件情况，优化庭审程序，重点围绕案件所涉法律适用问题展开。

第十九条 最高人民法院相关审判庭和各巡回法庭、知识产权法庭认为有必要召开跨审判机构的专业法官会议，研究解决跨部门的法律适用分歧或者跨领域的重大法律适用问题的，可以向审判管理办公室提出申请。

最高人民法院各审判机构或者跨审判机构召开的专业法官会议，涉及法律适用问题的，应当形成纪要，统一送审判管理办公室备案。各审判机构之间存在重大法律适用分歧，经专业法官会议讨论未能解决的，由审判管理办公室呈报院长提交审判委员会讨论。

六、附则

第二十条 本办法第二条、第三条仅适用于北京、天津、辽宁、上海、江苏、浙江、山东、河南、广东、重庆、四川、陕西省（市）高级人民法院辖区内的中级、基层人民法院。

本办法关于中级人民法院的规定，海事法院、知识产权法院、金融法院和铁路运输中级法院等可以参照适用；关于基层人民法院的规定，

互联网法院、铁路运输法院等可以参照适用。

第二十一条 各高级人民法院应当根据本办法，结合对应开展的试点工作，制定具体实施方案和相关制度规定，并于2021年11月5日前报最高人民法院备案。

各高级人民法院在制定实施方案、修订现有规范、做好机制衔接的前提下，自本办法实施之日起全面启动试点工作，试点时间两年。2022年7月31日前，各高级人民法院应当形成试点工作中期报告报最高人民法院。

各高级人民法院应当结合试点工作实际，在中央相关政策指导下，积极争取省级组织部门、机构编制部门的支持配合，优化辖区法院的机构人员编制、员额，推动编制、员额配置向基层和办案一线倾斜。关于优化各级人民法院编制机构、法官配备的相关问题，另行规定。

第二十二条 本办法由最高人民法院负责解释。

第二十三条 本办法报全国人民代表大会常务委员会备案，自2021年10月1日起施行。之前有关司法解释、司法指导性文件的规定与本办法不一致的，按照本办法执行。

中级人民法院于本办法实施之前受理的第一审行政案件，实施当日尚未审结的，应当继续审理，并按照相关法律规定作出裁判。

最高人民法院于本办法实施之前受理的民事、行政申请再审案件，实施当日尚未审查完毕的，应当继续审查，并按照相关法律规定作出处理。

附件：

1. 民事决定书（最高人民法院决定交高级人民法院审查用）
2. 民事通知书（最高人民法院通知再审申请人用）
3. 民事请示（高级人民法院向最高人民法院报请提审用）
4. 民事裁定书（依高级人民法院报请同意提审用）
5. 民事批复（最高人民法院不同意提审用）

6. 行政诉讼决定书（最高人民法院决定交高级人民法院审查用）
7. 行政诉讼通知书（最高人民法院通知再审申请人用）
8. 行政诉讼请示（高级人民法院向最高人民法院报请提审用）
9. 行政诉讼裁定书（依高级人民法院报请同意提审用）
10. 行政诉讼批复（最高人民法院不同意提审用）

附件1

民事决定书（最高人民法院决定交高级人民法院审查用）

中华人民共和国最高人民法院

决 定 书

（××××）最高法民决……号

××××高级人民法院：

根据《全国人民代表大会常务委员会关于授权最高人民法院组织开展四级法院审级职能定位改革试点工作的决定》和《最高人民法院关于完善四级法院审级职能定位改革试点的实施办法》第十一条、第十三条的规定，现将再审申请人×××因不服你院（××××）……号民事判决/民事裁定（写明再审申请对应的生效判决、裁定案号）提起的再审申请，交由你院审查。请你院依照《中华人民共和国民事诉讼法》及相关司法解释的规定审查处理。

××××年××月××日

（院印）

附件 2

民事通知书（最高人民法院通知再审申请人用）

中华人民共和国最高人民法院

通 知 书

（××××）最高法民通……号

×××（再审申请人）：

根据《全国人民代表大会常务委员会关于授权最高人民法院组织开展四级法院审级职能定位改革试点工作的决定》和《最高人民法院关于完善四级法院审级职能定位改革试点的实施办法》第十一条、第十三条的规定，本院将你/你单位因不服××××高级人民法院（××××）……号民事判决/民事裁定（写明再审申请对应的生效判决、裁定案号）提起的再审申请，交××××高级人民法院审查处理。请等待审查结果。对高级人民法院审查后作出的判决、裁定仍然不服的，可以依照《中华人民共和国民事诉讼法》第二百零九条的规定，向人民检察院申请检察建议或者抗诉。

特此通知。

××××年××月××日

（院印）

附件 3

民事请示（高级人民法院向最高人民法院报请提审用）

关于……（写明再审申请人及案由）一案报请提审的请示

（××××）……民申……号

最高人民法院：

再审申请人×××因与被申请人×××……（写明案由）一案，不服××××人民法院/本院（××××）……号民事判决/民事裁定，向本院申请再审。本院依法组成合议庭进行了审查，并经审判委员会讨论，现已审查终结。

×××申请再审称，……（概述再审请求、事实和理由）。

本院认为，×××的再审申请符合《中华人民共和国民事诉讼法》第二百条第×项规定的情形，同时……（写明报请提审的事实和理由）。

依据《全国人民代表大会常务委员会关于授权最高人民法院组织开展四级法院审级职能定位改革试点工作的决定》和《最高人民法院关于完善四级法院审级职能定位改革试点的实施办法》第十五条的规定，现报请你院提审该案。

以上请示，请批复。

附：案卷×宗

××××年××月××日

（院印）

附件4

民事裁定书（依高级人民法院报请同意提审用）

中华人民共和国最高人民法院
民 事 裁 定 书

（××××）最高法民申……号

再审申请人（一、二审诉讼地位）：×××，……。

法定代理人/指定代理人/法定代表人/主要负责人：×××，……。

委托诉讼代理人：×××，……。

被申请人（一、二审诉讼地位）：×××，……。

法定代理人/指定代理人/法定代表人/主要负责人：×××，……。

委托诉讼代理人：×××，……。

二审上诉人/二审被上诉人/第三人（一审诉讼地位）：×××，……。

法定代理人/指定代理人/法定代表人/主要负责人：×××，……。

委托诉讼代理人：×××，……。

（以上写明当事人和其他诉讼参加人的姓名或者名称等基本信息）

再审申请人×××因与被申请人×××……（写明案由）一案，不服××××人民法院（××××）……号民事判决/民事裁定，提起再审申请。

××××高级人民法院经审查认为……（写明高级人民法院审查意见及报请提审的理由）。

本院认为，……（写明对高级人民法院报请提审的事实与理由的分析意见）。

依照《中华人民共和国民事诉讼法》第二百条第×项、《全国人民代表大会常务委员会关于授权最高人民法院组织开展四级法院审级职能定位改革试点工作的决定》和《最高人民法院关于完善四级法院审级职能定位改革试点的实施办法》第十五条的规定，裁定如下：

一、本案由本院提审。

二、再审期间，中止原判决/原裁定的执行。

审判长　×××

审判员　×××

审判员　×××

××××年××月××日

（院印）

法官助理　×××

书记员　×××

附件5

民事批复（最高人民法院不同意提审用）

关于对……（写明再审申请人及案由）一案报请提审的批复

（××××）最高法民申……号

××××高级人民法院：

你院《关于……一案报请提审的请示》收悉。经研究，批复如下：

不同意……一案由我院提审。

此复。

××××年××月××日

（院印）

附件6

行政诉讼决定书（最高人民法院决定交高级人民法院审查用）

中华人民共和国最高人民法院
决 定 书

（××××）最高法行决……号

××××高级人民法院：

根据《全国人民代表大会常务委员会关于授权最高人民法院组织开展四级法院审级职能定位改革试点工作的决定》和《最高人民法院关于完善四级法院审级职能定位改革试点的实施办法》第十一条、第十三条的规定，现将再审申请人因不服你院（××××）……号行政判决/行政裁定（写明再审申请对应的生效判决、裁定案号）提起的再审申请，交由你院审查。请你院依照《中华人民共和国行政诉讼法》及相关司法解释的规定审查处理。

××××年××月××日

（院印）

附件 7

行政诉讼通知书（最高人民法院通知再审申请人用）

中华人民共和国最高人民法院
通 知 书

（××××）最高法行通……号

×××（再审申请人）：

根据《全国人民代表大会常务委员会关于授权最高人民法院组织开展四级法院审级职能定位改革试点工作的决定》和《最高人民法院关于完善四级法院审级职能定位改革试点的实施办法》第十一条、第十三条的规定，本院将你/你单位因不服××××高级人民法院（××××）……号行政判决/行政裁定（写明再审申请对应的生效判决、裁定案号）提起的再审申请，交由××××高级人民法院审查。请等待审查结果。对高级人民法院审查后作出的判决、裁定仍然不服的，可以依照《最高人民法院关于适用〈中华人民共和国行政诉讼法〉的解释》第一百一十七条的规定，向人民检察院申请抗诉或者检察建议。

特此通知。

××××年××月××日

（院印）

附件8

行政诉讼请示（高级人民法院向最高人民法院报请提审用）

关于……（写明再审申请人及案由）一案报请提审的请示

（××××）……行申……号

最高人民法院：

再审申请人×××因与被申请人×××……（写明案由）一案，不服××××人民法院/本院（××××）……号行政判决/行政裁定，向本院申请再审。本院依法组成合议庭进行了审查，并经审判委员会讨论，现已审查终结。

×××申请再审称，……（概述再审请求、事实和理由）。

本院认为，×××的再审申请符合《中华人民共和国行政诉讼法》第九十一条第×项规定的情形，同时，……（写明报请提审的事实和理由）。

依据《全国人民代表大会常务委员会关于授权最高人民法院组织开展四级法院审级职能定位改革试点工作的决定》和《最高人民法院关于完善四级法院审级职能定位改革试点的实施办法》第十五条的规定，现报请你院提审该案。

以上请示，请批复。

附：案卷×宗

××××年××月××日

（院印）

附件9

行政诉讼裁定书（依高级人民法院报请同意提审用）

中华人民共和国最高人民法院
行政裁定书

（××××）最高法行申……号

再审申请人（一、二审诉讼地位）：×××，……。

法定代理人/指定代理人/法定代表人/主要负责人：×××，……。

委托诉讼代理人：×××，……。

被申请人（一、二审诉讼地位）：×××，……。

法定代理人/指定代理人/法定代表人/主要负责人：×××，……。

委托诉讼代理人：×××，……。

二审上诉人/二审被上诉人/第三人（一审诉讼地位）：×××，……。

法定代理人/指定代理人/法定代表人/主要负责人：×××，……。

委托诉讼代理人：×××，……。

（以上写明当事人和其他诉讼参加人的姓名或者名称等基本信息）

再审申请人×××因与被申请人×××……（写明案由）一案，不服××××人民法院（××××）……号行政判决/行政裁定，提起再审申请。

××××高级人民法院经审查认为……（写明高级人民法院审查意见及报请提审的理由）。

本院认为，……（写明对高级人民法院报请提审的事实与理由的分析意见）。

依照《中华人民共和国行政诉讼法》第九十一条第×项、《全国人民代表大会常务委员会关于授权最高人民法院组织开展四级法院审级职能定位改革试点工作的决定》和《最高人民法院关于完善四级法院审级职能定位改革试点的实施办法》第十五条的规定，裁定如下：

一、本案由本院提审。

二、再审期间，中止原判决/原裁定的执行。

审 判 长　×××

审 判 员　×××

审 判 员　×××

××××年××月××日

（院印）

法官助理　×××

书 记 员　×××

附件10

行政诉讼批复（最高人民法院不同意提审用）

关于对……（写明再审申请人及案由）一案报请提审的批复

（××××）最高法行申……号

××××高级人民法院：

你院《关于……一案报请提审的请示》收悉。经研究，批复如下：

不同意……一案由我院提审。

此复。

××××年××月××日

（院印）

解读——《最高人民法院关于完善四级法院审级职能定位改革试点的实施办法》

刘 峥 何 帆*

为贯彻落实中央全面深化改革委员会审议通过的《关于完善四级法院审级职能定位的改革方案》和第十三届全国人民代表大会常务委员会第三十次会议作出的《关于授权最高人民法院组织开展四级法院审级职能定位改革试点工作的决定》（以下简称《授权决定》），最高人民法院9月27日印发《关于完善四级法院审级职能定位改革试点的实施办法》（以下简称《试点实施办法》）。现就《试点实施办法》的起草背景、基本思路、主要内容和推进实施中需要把握的重点问题说明如下。

一、《试点实施办法》的起草背景和基本思路

（一）起草情况

“明确四级法院职能定位”是中央《关于政法领域全面深化改革的

* 作者单位：最高人民法院。

实施意见》确定的重要改革任务，相关工作要求也被列入《法治中国建设规划（2020—2025年）》。为完成上述任务，经深入调研论证，最高人民法院向中央提交了相关改革方案稿。2021年5月，中央全面深化改革委员会审议通过了《关于完善四级法院审级职能定位的改革方案》（以下简称《审级改革方案》），并于6月由中央司法体制改革领导小组印发。

针对四级法院审级职能定位不清、案件自下而上过滤分层功能不足等问题，《审级改革方案》提出完善民事、行政案件级别管辖制度，完善案件管辖权转移和提级审理机制，改革民事、行政申请再审标准和程序，完善诉讼收费制度，健全最高人民法院审判权力运行机制等重大改革举措。其中，关于完善行政案件级别管辖制度，改革民事、行政申请再审标准和程序两项内容涉及调整适用相关法律。按照中央关于“重大改革必须于法有据”的要求，2021年8月17日，最高人民法院提请全国人大常委会授权在最高人民法院和北京、天津、辽宁、上海、江苏、浙江、山东、河南、广东、重庆、四川、陕西12个省、直辖市组织开展为期两年的试点。8月20日，全国人大常委会作出《授权决定》，批准开展试点，同意试点法院在试点期间调整适用民事诉讼法第一百九十九条、行政诉讼法第十五条和第九十条。

（二）文件性质

《授权决定》作出后，部分诉讼法律条文在试点法院暂时调整适用。为确保各项诉讼活动能够按照《审级改革方案》有序开展，有必要制定《试点实施办法》，作为确定行政案件级别管辖标准、完善民事与行政案件向最高人民法院申请再审标准和程序的法律依据。《试点实施办法》部分内容来自立法授权，经最高人民法院第1846次审判委员会讨论通过，并报全国人大常委会备案，是指导试点法院工作的重要规范性文件。之前有关司法解释、司法指导性文件的规定与其不一致的，按照《试点实施办法》执行。

（三）基本思路

完善四级法院审级职能定位是一项系统工程，必须确保各项改革举措配套协同、相得益彰、形成合力。《审级改革方案》确定的基本思路是：

一是既“放下去”又“提上来”，推动纠纷自下而上有效过滤、精准提级。通过完善民事案件级别管辖标准，逐步实现第一审民事案件主要由基层人民法院审理、少量由中级人民法院审理。同时，科学确定金融法院、知识产权法院、海事法院等专门人民法院第一审民事案件的级别管辖标准，确保其充分发挥服务保障党和国家重大战略的功能。按照案件可能受地方因素影响的程度，合理确定以县级、地市级人民政府为被告提起的第一审行政案件的管辖范围。在实现审判重心下沉的同时，通过完善提级管辖的标准和程序，推动具有规则意义、涉及重大利益，以及有利于打破“诉讼主客场”、地方保护主义的案件进入较高层级法院审理。

对于“放下去”的案件，并非“一放了之”，而是综合考虑下级人民法院的人员编制、审判能力和案件压力，通过参与诉源治理、强化繁简分流、调整编制员额、优化资源配置，打造基础坚实的第一审，实现绝大多数案件在基层、中级人民法院公正高效审结，事实、法律争议在两审之内实质性解决。对于“提上来”的案件，充分发挥较高层级人民法院熟悉辖区审判情况、抗外部干预能力强等优势，配套完善繁案精审、类案同判、风险防控、案例转化机制，逐步实现“审理一件，指导一片”，强化其示范、指导意义。

二是既“调结构”又“定职能”，不断优化最高审判机关受理的案件类型。从收案类型、诉讼机制、审理方式、权力运行上，进一步凸显最高人民法院作为最高审判机关的宪法地位。优化调整向最高人民法院申请再审的案件范围，完善最高人民法院再审提审的标准和程序。通过审理特定类型的案件，充分发挥最高人民法院在法制统一、监督指导、政策制定和社会治理方面的职能。建立最高人民法院裁判直接转化为指导性案例的工作机制，推动相关裁判成为优化司法解释制定方式和内容，以及修改、废止司法解释的重要渊源。

三是既“做优化”又“强配套”，通过诉讼制度改革带动机构机制更科学。通过调整四级法院案件结构，构建梯次过滤、层级相适的案件分布格局，推动实现基层人民法院重在准确查明事实、实质化解纠纷；中级人民法院重在二审有效终审、精准定分止争；高级人民法院重在再审依法纠错、统一裁判尺度；最高人民法院监督指导全国审判工作、确保法律正确统一适用。

在上述工作基础上，进一步完善与审级职能相匹配的编制、员额配备和机构设置。对于向最高人民法院申请再审的案件，逐步探索建立律师强制代理制度，配套完善相应的法律援助机制。推动修订《诉讼费用交纳办法》，探索建立申请再审案件预收费制度，充分发挥诉讼收费制度的杠杆调节作用，遏制滥诉行为，减少群众讼累。

《试点实施办法》是落实《审级改革方案》的文件之一，但内容上更侧重诉讼制度安排。涉及机构编制调整、完善诉讼收费制度、完善民事案件级别管辖制度、完善法律适用分歧解决机制等方面的内容，有的需要会同中央有关职能部门协同推进，有的需要研究制定专门规范性文件，相关问题另行规定。

二、《试点实施办法》的主要内容

（一）完善行政案件级别管辖制度

按照行政诉讼法第十五条第一项的规定，对县级以上地方人民政府所作的行政行为提起诉讼的第一审行政案件，由中级人民法院管辖。实践中，部分行政案件虽以县级以上地方人民政府为被告，但审理难度不大，基本不存在地方干预，由基层人民法院管辖，更有利于实质性化解矛盾纠纷。

根据《审级改革方案》和《授权决定》，《试点实施办法》第二条规定："明确下列以县级、地市级人民政府为被告的第一审行政案件，由基层人民法院管辖：（一）政府信息公开案件；（二）不履行法定职责的案件；（三）行政复议机关不予受理或者程序性驳回复议申请的案件；（四）土地、山林等自然资源权属争议行政裁决案件。"

根据行政诉讼法第十八条第二款的规定，除地域管辖外，对上述四类案件还可以实行跨行政区划管辖，交由集中管辖相关行政案件的基层人民法院审理。即使某些案件因其他因素不宜由基层人民法院审理，按照《试点实施办法》第四条确立的提级管辖标准，还可以根据行政诉讼法第二十四条第二款报请中级人民法院审理，兼顾案件特点和当事人诉求，充分保障当事人合法权益。

实践中，对于因土地房屋征收、征用、补偿、责令停产停业、吊销相关证照等对当事人合法权益可能产生较大影响的行政行为引起的第一审行政案件，仍由中级人民法院管辖，确保案件能够得到公正审理。但是，在确定案件级别管辖时，必须严格按照《最高人民法院关于正确确定县级以上地方人民政府行政诉讼被告资格若干问题的规定》（法释〔2021〕5号），准确理解"谁行为，谁被告"的被告确定规则。

（二）完善案件提级管辖机制

由于三大诉讼法规定的"重大影响""重大、复杂"等案件级别管辖标准相对抽象，各级人民法院确定民事案件级别管辖的标准主要是诉讼标的额，刑事案件主要是罪名与刑罚类别，行政案件主要是作出行政行为机关的级别。实践中，一些具有规则意义或可能存在"诉讼主客场"现象的案件，受诉讼标的额等因素影响，难以进入较高层级法院审理范围。因此，在推动审判重心下沉的同时，更有必要完善上述“特殊类型案件”的提级管辖机制，这也是优化高级、最高人民法院案件结构、实现上下级法院审级良性互动的关键环节。

关于案件提级管辖机制，民事诉讼法第三十八条第二款、刑事诉讼法第二十四条、行政诉讼法第二十四条第二款均有规定。最高人民法院印发的《关于规范上下级人民法院审判业务关系的若干意见》（法发〔2010〕61号）也曾就相关机制运行提出要求。《试点实施办法》第四条至第十条在三大诉讼法相关规定的框架下，进一步明确了“特殊类型案件”的识别标准和“自下而上流转”的操作流程。

一是明确“特殊类型案件”的标准。将“特殊类型案件”划分为五种情形。其中，第一、二种仅适用于基层人民法院交中级人民法院审理案件的范围（以下简称“基层→中级”），第三、四、五种既属于“基层→中级”范围，也属于中级人民法院交高级人民法院审理案件的范围（以下简称“中级→高级”）。“中级→高级”的案件由高级人民法院一审后，第二审法院就是最高人民法院，有必要设置更为严格的提级管辖条件。前述五种情形分别是：

1. 涉及重大国家利益、社会公共利益，不宜由基层人民法院审理的案件。一些案件诉讼标的额或影响力不大，但裁判结果可能影响到重大国家利益、社会公共利益，由中级人民法院把握政策、衡量利益、统筹协调，在审级安排上更为稳妥。这里的“重大”利益与“不宜由基层人民法院审理”是并列关系，实践中应统筹考虑相关利益的涉及广度、关联深度、覆盖群体、政策依据、政策制定部门和案件审理难度等多重因素，综合判断是否应当上提至中级人民法院管辖。

2. 在辖区内属于新类型，且案情疑难复杂的案件。考虑到我国幅员辽阔，案件分布差异较大，这里的“新类型”仅限于“辖区内”，即在相关基层人民法院或其上一级人民法院辖区内属于新类型，且案情疑难复杂的案件。例如，一些涉及互联网新业态、金融创新产品的案件，在沿海和经济发达地区基层人民法院较为常见，但在中西部部分地区属于新类型疑难案件。这类案件交由当地中级人民法院一审，既可以为辖区其他基层人民法院未来审理类似案件作出示范，也便于高级人民法院、最高人民法院在后续上诉、再审程序中及时发现新情况、新问题。如果案件仅属不常见的新类型，但案情相对简单、审理难度不大的，可以仍由基层人民法院管辖。

3. 具有普遍法律适用指导意义的案件。主要指法律、司法解释规定不明确或者司法解释没有规定，需要通过司法裁判明确法律适用的案件，这也是最适宜以提级管辖方式交由较高层级人民法院审理的案件类型。审理这类案件，有利于最高人民法院、高级人民法院根据经济社会发展形势，及时填补法律漏洞、解决法律分歧、确立裁判规则。相关裁判也可以成为筛选、确定、废止指导性案例或参考性案例的重要素材。

实践中，可能出现最高人民法院印发的司法解释、司法指导性文件制定时所依据的客观情况发生重大变化，继续适用明显有违公平正义的情况。对于这类案件，也可以报请上一级人民法院审理，但地方各级人民法院和专门人民法院在处理相关案件时，不得对司法解释、司法指导性文件的效力作出否定性评价。最高人民法院通过审理这类案件，可以同步考虑是否修改、废止相关司法解释、司法指导性文件。

4. 上一级人民法院或者其辖区内同级人民法院之间近三年裁判生效的同类案件存在重大法律适用分歧，截至案件审理时仍未解决的案件。这里的“上一级人民法院”，是指在审判工作上有直接监督关系的上级人民法院。实践中，上一级人民法院不同审判机构作出的裁判，可能存在“类案不同判”现象。如果不尽早统一，将令辖区法院无所适从。此外，辖区同级人民法院之间对同类案件的处理，有时也存在重大法律适用分歧，相关裁判若被上一级人民法院一并维持，将不利于法律统一适用，也严重影响司法形象和公信力。明确上述案件可以提级管辖，有利于发挥下级人民法院对上一级人民法院的制约功能，也可以督促上级人民法院更加注重本院及辖区各法院的法律统一适用情况，及时解决法律适用分歧。之所以强调“近三年”，是根据法律修改完善、法治统一进程确定的合理界限，实践中可以从案件受理之日起算。

5. 由中级人民法院或高级人民法院一审更有利于公正审理的案件。主要指受地方因素影响较大，又或存在“诉讼主客场”现象，基层人民法院或中级人民法院不宜行使管辖权的案件。这类案件由更高层级法院审理，有利于防止外部干预，提升司法公信力。需要指出的是，《试点实施办法》之所以未在条文中使用“诉讼主客场”“跨行政区划”等表述，是因为这类情况较为复杂，不能仅从跨地域等单一要素判断。例如，同样是当事人跨省、自治区、直辖市的案件，既可以是电商购物纠纷，也可以是外来投资纠纷，而前者一般不存在地方干预现象，所以不宜把当事人分处数地的情况都称为“诉讼主客场”。

二是健全案件提级管辖的流转程序。按照《试点实施办法》，下级人民法院对所管辖的第一审案件，认为属于“特殊类型案件”，可以报请上一级人民法院审理。上一级人民法院也有权主动提级管辖认为有必要由本院审理的案件。对于“下报上”的案件，应当经本院院长批准。涉及法律适用的问题，应当由院长提请审判委员会讨论后，再决定是否报请上一级人民法院审理；涉及其他问题的，可以由院长在充分听取相关审判组织意见后视情决定。值得注意的是，上述考虑都是围绕是否“提级”展开的，不包含有管辖权的人民法院因特殊原因不能行使管辖权，需要报上级人民法院指定其他同级人民法院管辖的情况。

为避免过分迟延，“下报上”案件至迟应当于案件法定审理期限届满三十日前报送，一般不得延长审限后再报。案件已开庭审理的，提级管辖应更加慎重，并做好对当事人的释明工作。试点之初，提级管辖主要依托下级人民法院报请。下一步，有条件、有基础的人民法院可以探索建立当事人申请提级管辖机制，发挥当事人的监督作用，但必须注意与级别管辖异议机制相区别，防止权利滥用。

尽管试点鼓励“特殊类型案件”向上流转，但实践中仍应注重发挥金融法院、知识产权法院等专门人民法院、互联网法院在专门管辖和集中管辖方面的优势，由这类法院优先审理新类型、规则型案件，充分发挥其示范作用。

三是完善案件提级管辖的处理方式。案件提级管辖后，可以经上诉、再审程序，由更高层级法院审理。上一级人民法院收到“下报上”的请求，由立案庭转相关审判庭审查后，应当在十日以内作出同意或不同意提级管辖的决定。之所以强调转“相关审判庭”审查，是因为对于案件在辖区内是否属于“新类型”或“具有普遍法律适用指导意义”，具体承担对下审判监督指导职责的审判庭更熟悉情况，由其审查更有利于精准、高效地就是否提级管辖作出判断。

为便于高级人民法院、最高人民法院及时了解“特殊类型案件”的流转情况，中级人民法院、高级人民法院提级管辖的案件，应当报上一级人民法院立案庭备案，并定期转相关审判庭知晓。对于具有普遍法律适用指导意义的案件，如果中级人民法院审查后，认为有必要再报请高级人民法院管辖的，报送程序上要从严把握，一般应经最高人民法院批准。案件在上下级人民法院之间的流转，不宜占用审理期限，所以提级管辖案件的审理期限，自上一级人民法院立案之日起重新计算。向上一级人民法院报送期间和上一级人民法院审查处理期间，不计入原审案件审理期限。

按照目前的诉讼文书样式要求，下级人民法院报请上一级人民法院提级管辖的，使用请示；上级人民法院依报请决定案件由自己审理的，民事案件使用裁定书，刑事、行政案件使用决定书；不同意的，民事案件使用批复，刑事、行政案件使用决定书。上级人民法院依职权决定审理提级管辖的，民事、行政案件使用裁定书，刑事案件使用决定书。试点期间，各级人民法院可沿用上述文书样式处理相关案件。

（三）改革再审程序

根据民事诉讼法第一百九十九条、行政诉讼法第九十条，当事人的再审申请原则上“上提一级”受理。由于立法未进一步细分再审申请对应的法院层级和标准，一些案件终审生效后，败诉当事人不考虑裁判对错，仅因“上提一级”增加了改变生效裁判的可能性，就随意申请再审。这样既不利于维护生效裁判权威，也占用了最高人民法院、高级人民法院大量司法资源。近年来，最高人民法院受理申请再审案件数量快速增长，民事、行政申请再审收案数从2016年的8884件陡升至2020年的22383件，再审申请驳回率一直在90%以上，存在较严重的“程序空转”现象。

在就《审级改革方案》征求意见期间，有关部门、专家学者普遍认为，现行诉讼法关于“再审之诉”的有限再审制度设计总体符合我国国情，但有必要从两个层面加以完善：一是建立对随意提起再审申请的制约机制，防止滥诉行为因“低门槛”“零成本”而放任失序，过分挤占公共资源，影响生效裁判既判力和真正有“纠错”需求者的权益。二是充分凸显最高人民法院作为最高审判机关的宪法地位，适当区分向高级人民法院申请再审和向最高人民法院申请再审的标准和程序，明确最高人民法院的再审提审标准，逐步实现“择案而审”，更加聚焦于监督指导全国审判工作、确保法律正确统一适用的核心职能。

《审级改革方案》充分吸收上述建议，提出了针对性举措：一是完善最高人民法院民事、行政再审申请审查程序；二是对于向最高人民法院申请再审的案件，逐步探索建立律师强制代理制度；三是探索建立申请再审案件预收费制度，对于生效裁判经审查确实存在错误而启动再审程序的，可以退还已交纳的申请再审受理费，配套完善减、免、缓交诉讼费用措施。

《试点实施办法》第十一条至第十六条根据《审级改革方案》和

《授权决定》，调整了民事诉讼法、行政诉讼法关于再审申请原则上“上提一级”的规定，进一步完善了向最高人民法院申请再审的标准和程序。

一是调整向最高人民法院申请再审案件的范围。试点工作启动后，当事人对高级人民法院作出的民事、行政生效裁判，认为有错误的，应当向高级人民法院申请再审。符合下列情形之一的，才可以向最高人民法院申请再审：(1) 再审申请人对原判决、裁定认定的基本事实、主要证据和诉讼程序无异议，但认为适用法律有错误的案件；(2) 原判决、裁定经高级人民法院审判委员会讨论决定的案件。

作出上述调整的主要考虑是：党的十八大以来，随着新型审判权力运行机制更加成熟定型，“三个规定”铁律逐步发力生威，高级人民法院的再审纠错能力有显著提升。对于因民事诉讼法第二百条、行政诉讼法第九十一条规定的涉及事实认定、证据采信、诉讼程序、贪赃枉法方面的事由申请再审的案件，由原审高级人民法院另行组成合议庭审查，不存在“自审自纠”风险，也更有利于发挥高级人民法院熟悉辖区情况、便于查证事实、统筹协调各方、实质化解纠纷的优势。当然，如果原判决、裁定是由审判委员会讨论决定的，就不宜再由高级人民法院自行审查纠正。

必须强调的是，当事人对中级人民法院、专门人民法院作出的民事、行政生效判决、裁定，认为有错误的，仍可以根据民事诉讼法第一百九十九条、行政诉讼法第九十条向高级人民法院申请再审，不得参照适用《试点实施办法》第十一条的内容。各高级人民法院不得以任何形式调整向本院申请再审的案件范围，也不得将应由本院审查的申请再审案件交辖区中级人民法院、专门人民法院审查。

根据《试点实施办法》第十一条第一款第一项向最高人民法院申请再审的案件，必须同时满足两个条件：一是再审申请人对原判决、裁定认定的基本事实、主要证据和诉讼程序无异议；二是认为适用法律有错误。这里的“无异议”，是指对原判决、裁定认定的基本事实、认定事实的主要证据、适用的诉讼程序没有异议。如果事实、证据、程序存在问题，即便是有新的证据，也较适宜由原审高级人民法院审查纠正。这里的“适用法律有错误”与《试点实施办法》第十四条、第十五条的“适用法律确有错误”，都包含行政案件中适用法规有错误的情形。关于哪些情形属于“法律适用确有错误”，《最高人民法院关于适用〈中华人民共和国民事诉讼法〉的解释》（法释〔2015〕5 号，以下简称《民诉法司法解释》）第三百九十条已作明确，行政案件亦可参照。

为了便于最高人民法院立案庭和各巡回法庭、知识产权法庭诉讼服务中心及时高效审核再审申请材料、精准研判案件所涉法律问题，《试点实施办法》第十二条强化了对再审申请书的形式要求。当事人在民事、行政再审申请书中，除了应提供《民诉法司法解释》第三百七十八条和《最高人民法院关于行政申请再审案件立案程序的规定》（法释〔2017〕18 号）第七条要求载明的事项外，还应声明对原审事实、证据、程序问题没有异议。同时，再审申请书还应载明案件所涉法律适用问题的争议焦点、生效裁判适用法律存在错误的论证理由和依据，必要时还可以附类案检索报告。再审申请书不符合前述要求的，最高人民法院应给予充分指导和释明。再审申请人无正当理由逾期未予补正的，可以按撤回申请处理。

考虑到实践中多数再审申请人并不具备提炼法律问题、论证法律错误的能力，《试点实施办法》第十六条要求最高人民法院立案庭、诉讼服务中心等“窗口部门”应当向当事人释明委托律师作为诉讼代理人的必要性，提升前端工作效能。

二是建立将申请再审案件交高级人民法院审查的机制。实践中，一些事实认定、证据使用或程序适用方面的问题，会直接影响到对法律关系的认定。即便是法律适用方面的错误，在法律适用指导意义上也有“有无”和“强弱”之分，不宜全部由最高人民法院审查纠正。《试点实施办法》第十三条第一款明确了将民事、行政申请再审案件交原审高级人民法院审查的两类情形。

1. 案件可能存在基本事实不清、诉讼程序违法、遗漏诉讼请求情形的。主要指案件事实、程序有明显缺失或瑕疵，且与能否认定适用法律错误存在前提或因果关系。例如，在融资性贸易中，原审本应通过追加当事人方式来认定是借贷还是买卖，但因为未追加当事人，根据两方当事人的合同内容只能定性为买卖，导致出现定性错误。此外，有的问题看似涉及事实认定，其实是举证责任分配规则适用问题，在决定是否交原审高级人民法院审查时必须格外慎重。

2. 原判决、裁定适用法律可能存在错误，但不具有法律适用指导意义的。主要指所涉法律适用错误比较明显，但不具备规则意义，没有必要由最高人民法院审查纠正的案件。例如，在民法典正式施行之前，就直接适用其作为裁判依据的案件。这类适用已经失效或尚未施行的法律，以及明显违反法律适用规则的低级错误，适宜由原审高级人民法院自行纠正。

由于向最高人民法院申请再审的范围已经调整，试点工作开始后，最高人民法院在决定是否将行政申请再审案件交原审高级人民法院审查时，应当按照《试点实施办法》第十三条第一款确定的标准作出决定，不宜再扩大范围。为防止工作对接不畅，最高人民法院决定将案件交原审高级人民法院审查的，应当在十日内将决定书、再审申请书和相关材料送原审高级人民法院立案庭，而非相关审判庭或审判监督庭。

三是明确最高人民法院应当提审的案件范围。试点工作开始后，由最高人民法院裁定再审的案件，应当以提审为原则，以指令再审为例外。《试点实施办法》第十四条第二款明确了最高人民法院应当裁定提审案件的范围，即原判决、裁定适用法律确有错误，且符合下列情形之一的：

1. 具有普遍法律适用指导意义的。原审案件第一审已因法律适用问题提级管辖的，更应特别关注。

2. 最高人民法院或者不同高级人民法院之间近三年裁判生效的同类案件存在重大法律适用分歧，截至案件审理时仍未解决的。主要包括两类案件：（1）最高人民法院内部各审判机构之间存在“类案不同判”情形的；（2）不同高级人民法院之间的重大法律适用分歧需要解决并统一的。高级人民法院生效裁判与最高人民法院同类案件生效裁判存在重大法律适用分歧的，也可以纳入再审提审范围。

3. 最高人民法院认为应当提审的其他情形。主要指根据案件所涉利益、社会影响和个案情况，更适宜由最高人民法院提审的案件，如存在严重外部干预或“诉讼主客场”现象的案件。

为便于最高人民法院监督指导全国法院的审判工作，《试点实施办法》第十四条第二款规定了特殊情况下依职权提起再审的情形。最高人民法院对地方各级人民法院、专门人民法院已经发生法律效力的判决、裁定，发现确有错误，且属于前述应当提审情形之一的，有权根据民事诉讼法第一百九十八条第二款、刑事诉讼法第二百五十四条第二款、行政诉讼法第九十二条第二款之规定，裁定提审。前述“判决、裁定”，包括民事、刑事和行政裁判。

四是完善高级人民法院对申请再审案件的审查处理程序。实践中，一些案件依法应当向高级人民法院申请再审，或者因原审事实认定、证据采信、诉讼程序存在问题，不符合向最高人民法院申请再审的条件。根据《试点实施办法》第十五条的规定，高级人民法院在审查过程中，认为原判决、裁定适用法律确有错误，且符合最高人民法院再审提审标准的，经审判委员会讨论决定后，可以报请最高人民法院审理。之所以要求“经审判委员会讨论决定”，既是为了确保上报程序的严肃性，也有利于高级人民法院全面、审慎地考虑案件所涉问题和报送的必要性。

试点开始后，以下三类民事、行政案件，高级人民法院经审判委员会讨论决定后，可以报请最高人民法院审理：一是辖区中级人民法院或专门人民法院作出生效裁判，当事人依法向高级人民法院申请再审的案件。二是高级人民法院作出生效裁判，当事人根据《试点实施办法》第十一条向原审高级人民法院申请再审的案件。三是当事人向最高人民法院申请再审，最高人民法院初步审核后，决定交高级人民法院再审审查的案件。这类案件“下交”后，是否还能报请最高人民法院再审，存在两种意见：第一种意见认为，最高人民法院既已决定交高级人民法院审查，再允许后者报请前者审理，有程序反复之嫌，实践中不应准许。第二种意见认为，最高人民法院决定将案件交高级人民法院审查，只是初步审核之后的判断，不排除高级人民法院在审理过程中，又发现适宜由最高人民法院审理的情形，允许报请在制度设计上更为周延。而且，相关申请经高级人民法院审判委员会讨论决定，程序上也足够慎重，应当允许。经认真研究，我们同意第二种意见。

由于上述案件由高级人民法院报请，并经过审判委员会讨论，最高人民法院收到请求后，不再重复启动再审审查程序，认为有必要由自己审理的，可以直接裁定提审，反之则作出不同意提审的批复。

（四）完善最高人民法院审判权力运行机制

试点工作全面启动后，最高人民法院受理的民事、行政案件数量、类型将发生较大变化，对特殊类型案件的审核识别、审判组织的组成人员、新设程序的监督管理、法律分歧的协调解决都有新的更高要求，有必要进一步完善审判权力运行机制。《试点实施办法》第十七条至第十九条在配套举措方面作出下述安排。

一是完善申请再审案件初步审核机制。最高人民法院应当自收到民事、行政再审申请书之日起三十日内，决定由本院或者作出生效判决、裁定的高级人民法院审查。因此，有必要就再审申请材料的审核分工、衔接机制作出安排。

最高人民法院立案庭以及各巡回法庭、知识产权法庭的诉讼服务中心负责收取申请再审材料，并根据相关法律、司法解释和《试点实施办法》第十二条的规定进行形式审查，确保材料齐全。材料齐全的，交相关庭室的审判人员进一步审核。审核人员在法官助理协助下，根据《试点实施办法》第十三条的规定，就案件是否交相关高级人民法院审查提出意见。审核人员认为案件所涉法律适用问题有必要提交专业法官会议讨论的，可以按程序提出申请。下一步，应通过完善案件分配办法、团队组建方式、定期轮岗机制，综合运用院庭长监督管理、专业法官会议、审判委员会等关键制度，做好节点风险防控，坚决防止“案件入口”发生违纪违法问题。

二是完善跨审判机构的合议庭组成机制和专业法官会议机制。确定最高人民法院再审提审标准的一个重要考虑，就是看案件是否有利于解决最高人民法院内部不同审判机构之间、不同高级人民法院之间的重大法律适用分歧。对于前一类案件，较理想的审判组织形式是由相关审判庭、巡回法庭的审判人员组成跨审判机构的五人以上合议庭，通过共同审理、参与合议，充分凝聚共识，推动解决跨部门的法律适用分歧或者跨领域的重大法律适用问题。最高人民法院院长认为确有必要的，可以直接要求就特定案件组成跨审判机构的合议庭，并指定一名大法官担任审判长。

除完善合议庭组成形式外，还可以通过召开跨审判机构的专业法官会议解决前述问题。按照《最高人民法院关于完善人民法院专业法官会议工作机制的指导意见》（法发〔2021〕2号），跨审判机构的专业法官会议可以由院长或其委托的副院长、审判委员会专职委员、庭长主持，主要研究讨论有必要在各审判机构、审判专业领域之间统一法律适用的案件。

《试点实施办法》第十八条、第十九条明确由最高人民法院审判管理办公室具体组织开展相关工作。除相关审判组织主动申请、主管院庭长依职权提出建议外，审判管理办公室也可以依托当事人、其他诉讼参与人反映人民法院法律适用不一致问题机制，适时启动召开跨审判机构的专业法官会议。经跨审判机构专业法官会议讨论未能解决的法律适用问题，审判管理办公室可以呈报院长提交审判委员会讨论。

三是完善最高人民法院案件审理方式。试点工作开始后，最高人民法院开庭审理的案件将更加注重解决法律适用问题。由于绝大多数案件当事人对原审事实、证据均无异议，举证、质证环节也会视情压缩。因此，合议庭可以结合案件情况，优化庭审程序，重点围绕案件所涉法律适用问题的争议焦点展开，逐步形成适合最高审判机关职能定位和案件特点的庭审模式。

三、需要重点说明的几个问题

（一）关于《试点实施办法》内容的适用范围

《试点实施办法》第二十条明确了本办法的适用范围。本次试点是严格按照中央全面深化改革委员会审议通过的《审级改革方案》开展的。其中，涉及调整适用现行法律制度的举措，需要全国人大常委会作出授权才能组织开展。但是，《审级改革方案》确定的试点举措，并不局限于《授权决定》内容。所以，《试点实施办法》部分内容仅适用于《授权决定》限定的地区，部分内容则适用于各级人民法院。例如，《试点实施办法》关于提级管辖的内容（第四条至第十条）并未突破现行法律，地方各级人民法院和专门人民法院均可适用。试点期满后，若实践证明可行，可以推动形成其他制度成果。但是，按照《授权决定》，关于行政案件级别管辖调整的内容（第二条、第三条），仅适用于北京、天津、辽宁、上海、江苏、浙江、山东、河南、广东、重庆、四川、陕西省（市）高级人民法院辖区内的中级人民法院、基层人民法院。

需要明确的是，关于再审制度改革的内容（第十一条至第十六条），适用于最高人民法院和各高级人民法院，而非仅局限于上述12省市。主要考虑是：按照《授权决定》，最高人民法院此次也是试点法院，而试点内容主要是完善向最高人民法院申请再审的标准和程序，如果仅适用于个别省份，就会导致部分地区当事人仍按民事、行政诉讼法关于“上提一级”的规定申请再审，部分地区当事人则按《试点实施办法》确定的标准和程序申请再审，而最高人民法院及其巡回法庭、知识产权法庭也将不得不按两套标准、两种模式、两类文书处理申请再审案件。这种“双轨制”运行模式既不利于政策统一执行，也无法真正实现优化最高人民法院案件结构、运行模式和职能定位的试点效果。

综上，试点工作开始后，当事人对全国各高级人民法院的生效民事、行政裁判，认为有错误的，应当向高级人民法院申请再审。符合《试点实施办法》第十一条规定的，才可以向最高人民法院申请再审。同时，最高人民法院也将配套完善将申请再审案件交相关高级人民法院审查机制、受理高级人民法院报请提审工作机制。

（二）关于法律问题与事实问题的剥离与区分

完善四级法院审级职能定位改革的一个重要目标，是推动具有规则意义和法律适用价值的案件由较高层级法院审理。《试点实施办法》第四条至第六条、第十一条、第十四条所列举的案件类型，主要也是有助于统一法律适用、解决适用分歧的案件。上级人民法院通过提级管辖或再审提审审理这类案件，作出裁判示范、解决适用分歧后，相关案件可以仍按级别管辖标准确定审理法院。

需要说明的是，《试点实施办法》第十一条第一款第一项将向最高人民法院申请再审的案件限定为“再审申请人对原判决、裁定认定的基本事实、主要证据和诉讼程序无异议，但认为适用法律有错误的”案件，并不意味着向最高人民法院提起的再审之诉将是“法律审”。“法律审”是建立在三审终审制基础上，对未生效裁判所涉法律适用问题的审理。而向最高人民法院申请再审的案件，绝大多数已经历两个审级审理，并由高级人民法院裁判生效，再审审查或审理实际考虑的是是否有错、如何纠错的问题。《试点实施办法》结合最高人民法院、高级人民法院职能定位，基于便利群众诉讼和法院审查的考虑，将对原审事实、证据、程序问题的审查工作交予高级人民法院完成，最高人民法院主要负责审查法律适用问题，裁定提审后，仍是依法全面审理。

我国司法传统上，一般很少将事实认定问题和法律适用问题剥离考虑。实践中，法律适用问题常与事实认定问题依附交织，甚至互为因果，难以抽象出单纯的法律适用问题。党的十八大以来，关于专业法官会议制度、审判委员会制度、人民陪审员制度的相关改革举措，已就如何从具体案件中提炼、剥离法律适用问题作出探索，并形成人民法院组织法第三十七条第一款第二项、人民陪审员法第二十二条等制度成果。《试点实施办法》实施后，各级人民法院应在总结前期经验基础上，在严格遵循司法规律的前提下，明确哪些关于证据认定、程序适用的问题可以转化为法律适用问题，进一步完善法律适用问题的识别、提炼和统一机制。

（三）关于高级人民法院再审审判力量的配置

目前，各高级人民法院的再审审判权力运行机制差异较大。有的是由申诉审查庭审查再审申请，裁定提审后转审判监督庭审理；有的是由立案庭直接转相关审判庭审查，裁定提审后由原合议庭继续审理。试点工作开始后，高级人民法院作出的已经发生法律效力的民事、行政判决、裁定，绝大多数将由其自行审查纠正。由于许多案件专业性较强，如果一律要求由高级人民法院审判监督庭或原审判庭之外的审判机构审理，将给人员调配带来一定困难。为确保试点工作平稳推进，《试点实施办法》未作硬性要求。高级人民法院审查本院裁判生效的案件，应当依法另行组成合议庭，裁定再审的可以由该合议庭继续审理。

试点启动后，各高级人民法院应当根据申请再审案件任务量的变化，结合贯彻落实《最高人民法院关于进一步做好行政申请再审制度改革相关配套工作的通知》（法〔2021〕141号），统筹确定如何调配审判资源、完善机构职能，并报最高人民法院备案。要以这次试点为契机，理顺立案庭、申诉审查庭、审判监督庭和各审判业务部门的职能和关系，避免出现再审审查、审理与对下审判业务指导脱节的现象。

（四）关于新类型裁判文书样式

由于试点确立了高级人民法院报请提审、最高人民法院依报请裁定提审、决定交相关高级人民法院审查等新程序，为便于操作，此次随《试点实施办法》同步印发了试点所涉新类型裁判文书样式，供最高人民法院、高级人民法院在试点工作中使用。试点工作结束后，根据法律修改情况使用相应的裁判文书样式。

（来源：最高人民法院网站）

最高人民法院

关于推动新时代人民法庭工作高质量发展的意见

2021年9月13日　　法发〔2021〕24号

为深入贯彻习近平法治思想，更加注重强基导向，强化人民法庭建设，提升基层人民法院司法水平，更好服务全面推进乡村振兴，服务基层社会治理，服务人民群众高品质生活需要，现就推动新时代人民法庭工作高质量发展提出如下意见。

一、加强新时代人民法庭工作的重要意义和指导思想

1. 重要意义。人民法庭作为基层人民法院的派出机构，是服务全面推进乡村振兴、基层社会治理、人民群众高品质生活需要的重要平台，也是体现中国特色社会主义司法制度优越性的重要窗口。加强新时代人民法庭工作，有利于夯实党的执政基础，巩固党的执政地位；有利于满足人民群众公平正义新需求，依法维护人民群众权益；有利于以法治方式服务巩固拓展脱贫攻坚成果，全面推进乡村振兴；有利于健全覆盖城乡的司法服务网络，促进基层治理体系和治理能力现代化。

2. 指导思想。坚持以习近平新时代中国特色社会主义思想为指导，深入贯彻习近平法治思想，增强“四个意识”、坚定“四个自信”、做到“两个维护”，牢记“国之大者”，坚持党的绝对领导，坚持以人民为中心，坚持强基导向，深刻把握人民法庭处于服务群众、解决纠纷第一线与守护公平正义最后一道防线的辩证统一关系，有效发挥桥梁、窗口作用，推动更高水平的平安中国、法治中国建设，为实现“十四五”时期经济行稳致远、社会安定和谐，为实现人民对美好生活的向往、促进全体人民共同富裕，为全面建设社会主义现代化强国提供更加有力的司法服务和保障。

二、准确把握新时代人民法庭工作原则

3. 坚持“三个便于”。紧紧围绕“努力让人民群众在每一个司法案件中感受到公平正义”的目标，主动回应人民对美好生活的向往和公平正义新期待，坚持便于当事人诉讼，便于人民法院依法独立公正高效行使审判权，便于人民群众及时感受到公平正义的工作原则，不断弘扬人民司法优良传统和时代价值。

4. 坚持“三个服务”。紧扣“三农”工作重心历史性转移，发挥面向农村优势，积极服务全面推进乡村振兴；紧扣推进国家治理体系和治理能力现代化，发挥面向基层优势，积极服务基层社会治理；紧扣新时代社会主要矛盾新变化，发挥面向群众优势，积极服务人民群众高品质生活需要。

5. 坚持“三个优化”。综合考虑城乡差异，一要优化法庭布局。区分城区法庭、城乡结合法庭、乡村法庭，不断优化人民法庭区域布局。二要优化队伍结构。结合案件数量、区域面积、人口数量、交通条件、信息化发展状况、参与乡村振兴和社会治理任务等因素，建立并实行人员编制动态调整机制。三要优化专业化建设。坚持综合性与专业化建设相结合，实现人民法庭专业化建设更好服务乡村振兴和辖区基层治理需要。农村地区要继续加强和完善综合性人民法庭建设；城市近郊或者城区，可以由相关人民法庭专门或者集中负责审理道交、劳动、物业、旅游、少年、家事、金融商事、环境资源等案件；产业特色明显地区，可以由专业化人民法庭专门负责审理涉及特定区域或者特定产业的案件。

三、积极服务全面推进乡村振兴

6. 服务乡村产业振兴。妥善处理涉“三农”领域传统纠纷以及休闲农业、乡村旅游、民宿经济、健康养老等新业态纠纷，促进农村产业融合发展，推动建立现代农业产业体系、生产体系和经营体系。深入贯彻粮食安全战略，积极参加保护种业知识产权专项行动，依法服务种业科技自立自强、种源自主可控，助推种业振兴。依法妥善处理涉及农业农村发展要素保障、城乡经济循环、征用征收等案件，保障农业农村改革，促进农业产业发展。

7. 维护农民合法权益。依法妥善审理涉及农村土地“三权分置”、乡村产业发展等纠纷，落实“资源变资产、资金变股金、农民变股东”，让农民更多分享产业增值收益。依法保障进城落户农民农村土地承包权、宅基地使用权、集体收益分配权，促进在城镇稳定就业生活的农民自愿有序进城落户。推动落实城乡劳动者平等就业、同工同酬，依法保障农民工工资支付和其他劳动权益。

8. 推动乡村文明进步。依法妥善处理家事、邻里纠纷，注重矛盾纠纷实质性、源头化解，依法治理高价彩礼、干预婚姻自由、虐待遗弃家庭成员等不良习气，依法打击封建迷信活动，培育和弘扬社会主义核心价值观。依法保护农村文化遗产和非物质文化遗产，加强保护历史文化名镇名村、传统村落、民族村寨，促进优秀传统乡土文化保护和乡村文化产业发展。引导依法制定村规民约，推进移风易俗，推动创建文明村镇、文明家庭。

9. 保护农村生态环境。深入践行“绿水青山就是金山银山”理念，依法妥善审理环境资源案件，会同农业农村、自然资源、生态环境等部门健全执法司法协调联动机制，加强农业面源污染防治，推动国土综合整治和生态修复，推动解决“垃圾围村”和乡村黑臭水体等突出环境问题，助推农业生产方式绿色转型，改善乡村生态环境，助力建设美丽宜居乡村。

四、积极服务基层社会治理

10. 推动健全基层社会治理体系。坚持和发展新时代“枫桥经验”，积极融入党委领导的基层治理体系，充分利用辖区党委组织优势，与城乡基层党组织广泛开展联建共建，推进基层党建创新与基层治理创新相结合，强化党建引领基层治理作用，促进完善中国特色基层治理制度。推广“群众说事、法官说法”“寻乌经验”等做法，依托“街乡吹哨、部门报到、接诉即办”等基层治理机制，推动司法资源向街乡、村镇、社区下沉。充分运用平安建设考核和创建“无讼”乡村社区等政策制度，服务基层党委政府以更大力度加强矛盾纠纷多元化解机制建设。

11. 明确参与基层治理途径。立足人民法庭法定职责，依法有序参与基层社会治理。对没有形成纠纷但具有潜在风险的社会问题，可以向乡镇、社区有关单位提出法律风险防控预案；对已经发生矛盾纠纷的社会问题，可以提出可能适用的法律依据以及相应裁判尺度，但是不宜在诉讼外对已经立案的纠纷提出处理意见；对审判、执行、信访等工作中发现普遍存在的社会问题，应当通过司法建议、白皮书、大数据研究报告等方式，及时向党委、政府反馈，服务科学决策。

12. 加强源头预防化解矛盾。加强辖区多发常见类型化纠纷的源头治理，形成源头预防、非诉挺前、多元化解的分层递进前端治理路径。强化与当地乡镇街道的衔接、与综治中心的协同，充分利用网格化管理机制平台，及时掌握和研判综治矛盾纠纷信息，发挥网格员、特邀调解员作用，促进基层纠纷源头化解。充分运用人民法院调解平台等工作平台，推动人民法庭进乡村、进社区、进网格，广泛对接基层解纷力量，形成基层多元解纷网络，在线开展化解、调解、司法确认等工作。推动人民调解员进人民法庭、法官进基层全覆盖，加强委托调解、委派调解的实践应用，充分释明调解优势特点，引导人民群众通过非诉讼方式解决矛盾纠纷。

13. 加强基层法治宣传。推动建立以人民法庭为重要支点的基层社会法治体系，充分利用专业优势，加强对特邀调解员、人民调解员等在诉前或者诉中开展调解工作的指导，引导支持社会力量参与基层治理。通过巡回审判、公开审理、以案说法、送法下乡等活动，增强基层干部群众法治观念和依法办事能力。发挥司法裁判示范引领功能，推动裁判文书网、人民法庭信息平台与普法宣传平台对接，加强法治宣传教育，推动社会主义核心价值观和法治精神深入人心。

14. 完善相关纠纷审理规则。人民法庭在案件审理过程中，遇到审理依据和裁判标准不明确等类型化问题，可以及时按程序报告。高级人民法院应当依照民法典、乡村振兴促进法等法律规定，对辖区内反映强烈、处理经验成熟的问题以纪要、审判指南、参考性案例等方式及时明确裁判指引。最高人民法院应当适时就重点法律适用问题出台司法解释或者其他规范性文件。

五、积极服务人民群众高品质生活需要

15. 加强民生司法保障。切实实施民法典，依法妥善审理家事、民间借贷、人身损害赔偿等基层易发多发案件，畅通权利救济渠道，维护人民群众合法权益。深化家事审判改革，用好心理辅导干预、家事调查、诉前调解、案后回访等措施，加大人身安全保护令制度落实力度，保障留守儿童、留守妇女、留守老人以及困难群体和特殊人群的人身安全和人格尊严。依法妥善审理养老育幼、教育培训、就业创业、社会保险、医疗卫生、社会服务、住房保障等领域案件，促进提高公共服务质量水平。维护军人军属合法权益，最大限度把涉军纠纷化解在基层，解决在初始阶段。

16. 提升一站式诉讼服务能力。坚持因地制宜，在人民法庭建立诉讼服务站，在人民法庭及辖区乡镇街道综治中心或者矛盾调解中心设立自助诉讼服务设备，方便当事人随时随地办理诉讼业务。建立健全诉讼服务辅导机制，为人民群众提供在线调解、开庭等事务现场辅导服务。进一步增强人民法庭跨域立案诉讼服务质效，更加方便群众就近起诉、办理诉讼事务。有条件的人民法庭，可以设立视频调解室，提供跨地域视频调解等服务。

17. 完善直接立案机制。推进完善人民法庭直接立案或者基层人民法院派驻立案机制。推进人民法庭跨域立案服务，确保能够作为立案协作端办理跨辖区、跨县、跨市、跨省立案。适应人民法庭辖区主导产业或者中心工作需要，合理确定收案范围。

18. 推进案件繁简分流。积极优化司法确认程序，完善小额诉讼程序和简易程序规则，健全审判组织适用模式，推行在线审理机制，依法综合运用督促程序、司法确认程序、小额诉讼程序、简易程序、独任制

审理等，积极推广适用令状式、要素式、表格式等裁判文书，有效降低当事人诉讼成本，提升司法效率，充分保障人民群众合法诉讼权益。

19. 推动解决送达难。发挥数字化时代电子通讯优势，加强电子送达，推行集约化送达方式。发挥基层网格员作用，充分调动网格员积极性，发挥其熟悉社区情况、了解辖区人员信息的优势，综合运用现代和传统手段破解送达难题。

20. 推进直接执行机制。探索部分案件由人民法庭直接执行的工作机制，由人民法庭执行更加方便当事人的案件，可以由人民法庭负责执行。可以根据人员条件设立专门执行团队或者相对固定人员负责执行。案件较多的人民法庭，探索由基层人民法院派驻执行组等方式，提高执行效率，最大限度方便群众实现诉讼权益。人民法庭执行工作由基层人民法院执行机构统一管理，专职或者兼职人员纳入执行人员名册，案件纳入统一的执行案件管理平台，切实预防廉政风险。

六、不断深化新时代人民法庭人员管理机制改革

21. 完善司法责任制综合配套改革。落实独任庭、合议庭办案责任制，完善审判权力和责任清单，健全“四类案件”识别监管机制，落实统一法律适用机制，建立符合人民法庭实际的审判监督管理机制，坚持放权与监督相统一。落实法官员额制改革要求，综合考虑人员结构、案件类型、难易程度等因素，适应繁简分流和专业化建设需要，配强审判辅助力量，探索完善符合实际的审判团队组建和运行模式。

22. 探索建立编制动态调整机制。坚持以案定员、以任务定员，每个人民法庭至少配备 1 名审判员、1 名法官助理、1 名书记员、1 名司法警察或者安保人员，逐步实现有条件有需求的人民法庭配备 3 名以上审判员；可以根据辖区面积、人口、案件数量、基层社会治理任务等因素合理调整人员配置。针对部分人民法庭人员编制不足、人民法庭之间办案数量不均的情况，高级人民法院要积极协调地方编制部门，建立省

级层面人员编制动态调整机制，基层人民法院要在核定编制内将编制向案件数量多、基层治理任务重的人民法庭倾斜。结合四级法院审级职能定位改革，推动人员编制向基层和办案一线倾斜。

23. 完善干部锻炼培养机制。探索建立基层人民法院新入职人员选派到人民法庭工作锻炼，无人民法庭工作经历的新晋人员尤其是审判人员、审判辅助人员优先到人民法庭挂职锻炼，基层人民法院机关与人民法庭人员之间定期轮岗交流等机制。人民法庭庭长在同一职位工作满一定年限的，应当根据有关规定进行交流。提拔晋升时适度向长期在人民法庭工作的干警倾斜，选配基层人民法院院领导时，具有人民法庭庭长任职经历的人员在同等条件下优先考虑；入额遴选时，具有三年以上人民法庭工作经历的法官助理，同等条件下优先选任；中级人民法院遴选法官，应当接收适当比例具有人民法庭工作经历的法官。积极争取省级人社部门支持，建立聘用制书记员便捷招录机制，推动下放招聘权限，减少招聘环节；积极协调省级有关部门，探索建立聘用制书记员定向培养模式，委托定点学校定向招生、培养，毕业后回原籍人民法庭工作。

24. 落实人民陪审员选任、参审和保障制度。加强对人民陪审员的日常监督管理，规范选任及退出机制，落实随机抽选为主、个人申请与组织推荐为补充以及年度参审案件数量上限等规定。积极与同级财政部门等研究落实现有政策规定，加大经费投入，规范使用范围，激发人民陪审员参与人民法庭案件审理的积极性。

25. 切实加强履职保障。完善人民法庭干警精准培训机制，设置与人民法庭职能定位相对应的培训内容，全面提升人民法庭干警依法履职能力。因依法履职遭受不实举报的，应当协调有关单位，及时澄清事实，消除不良影响，依法追究相关单位或者个人的责任。人民法庭干警及其近亲属受到人身威胁的，协调当地公安机关采取必要保护措施；认真落实关于依法惩治袭警违法犯罪行为的指导意见，依法加强对人民法庭司法警察的履职保护。推动完善法院因公伤亡干警特殊补助政策。积极落实中央有关因公牺牲法官、司法警察抚恤政策，认真做好“两金”申报、发放和备案工作。鼓励各地法院为人民法庭干警投保工伤保险和人身意外伤害保险。

七、建立健全新时代人民法庭工作考核机制

26. 完善考核内容。探索建立符合人民法庭工作规律的专门考核办法，综合考虑执法办案、指导调解、诉源治理等因素，适当增加诉源治理、诉前调解等考核权重，重点考核“化解矛盾”质效。建立健全与执法办案和参与社会治理职责相适应，区分人员类别、岗位特点的考评体系，制定针对性强、简便易行的绩效考核办法。可以采取定量与定性相结合、量化为主的方式，科学制定和使用量化指标，采用加权测算等计算方法，合理设置权重比例。坚决清理、取消不合理、不必要的考评项目和指标，切实为基层减负，为干警减压。乡村振兴服务任务重、参与基层社会治理好的基层人民法院，可以先行先试。

27. 优化考核指标。执法办案考核应当遵循司法规律，综合考虑案件类型、繁简程度、适用程序、巡回审判等因素，包括办案数量、办案质量、办案效率和办案效果等基本内容。指导调解考核应当充分利用人民法院调解平台数据，通过诉前调解案件占一审立案比、调解案件成功率、调解案件自动履行率等指标，量化指导调解的数量和效果。加强诉源治理考核，对于法治宣传、法律培训、矛盾纠纷研判通报、司法建议等可以考核次数，对于推动制定村规民约和居民公约、召开综治联席会、重大事项法律风险提示法律意见等，既要考核量化次数，也要考核质量效果。

八、切实提升新时代人民法庭建设保障

28. 加强基础设施建设。高级人民法院要按照科学论证、统筹规划、优化布局的原则，合理安排年度建设计划，力争在“十四五”期

间实现人民法庭办公办案和辅助用房得到充分保障，规范化标准化建设得到显著加强，业务装备配备水平得到较大提升，网上立案、电子送达、网上开庭等信息化设施设备配备齐全，信息化建设应用效果进一步强化，人民法庭外观标识完全统一，人民法庭工作生活条件得到较大改善。

29. 加强法庭安保工作。基层人民法院院长是人民法庭安保工作的第一责任人，人民法庭庭长是直接责任人。完善安全防范设施装备配备，每个人民法庭应当配备必要的防爆安检、防暴防护等设备。强化案件风险评估和安全隐患排查，加强防范措施和应急处突演练，落实“人防、物防、技防”措施。加强司法警察部门对人民法庭安保工作的督察指导培训，增强干警安全意识和风险防范处置能力。加强人民法庭与驻地公安派出所联防联动，推动有条件的人民法庭设立驻庭警务室。

30. 完善经费保障制度。推动适时调整人民法庭建设标准，争取省级有关部门加大对人民法庭基础设施经费保障力度，增加对车辆、安保设备、信息化运维等支出投入。持续加大对革命老区、民族地区、边疆地区和脱贫地区人民法庭经费保障的政策倾斜力度，充分运用好有关转移支付资金，帮助解决办案经费保障和物资装备建设等问题。主动争取地方党委政府领导和支持，继续落实好人民法庭庭长职级待遇和干警工作津贴、补贴等政策，切实解决人民法庭在人财物保障方面存在的问题困难。对于已经实施省以下地方法院财物省级统一管理的地区，根据事权与财权相统一的原则，积极争取由当地财政保障人民法庭服务保障辖区经济社会发展的经费，由高级人民法院争取协调省级有关部门根据实际，下放人民法庭新建、维修等经费项目审批权。

31. 加强购买社会化服务的规模化、规范化。结合各地实际，加强人民法庭编外人员配备保障，梳理适合购买社会化服务的事务性工作范围和项目，规范有序开展向社会购买服务，建立健全公开竞标、运营监管、业务培训等制度，所需经费列入年度预算统筹保障。完善事务性工作的集约化管理工作流程，探索组建专业工作团队，集中办理文书送达、财产保全等事务。

32. 加强人民法庭“两个平台”建设。各级人民法院应当强化人民法庭工作平台应用，加强对人民法庭数据的收集、填报、分析和运用，实时监测办案数据，全面掌握人民法庭工作动态，准确研判存在的问题和原因，提高工作针对性、实效性和预见性。加强人民法庭信息平台建设，发动基层人民法院干警特别是人民法庭干警参与宣传工作，及时推送人民法庭工作成效、典型案件，深入挖掘先进典型和感人事迹，加大人民法庭工作宣传力度，全面展现人民法庭干警良好精神风貌和工作作风。人民法庭“两个平台”建设情况应当作为人民法庭工作的考核内容。

九、有效加强新时代人民法庭工作的组织领导

33. 加强党的建设。坚持“支部建在庭上”，实现党的组织和党的工作全覆盖。坚持以党建带队建促审判，推进人民法庭党支部标准化、规范化建设，高质量推进基层党建创新，把党建引领贯穿人民法庭工作全过程。推动全面从严治党、从严治院、从严管理向基层延伸，推动队伍教育管理走深走实，严格落实防止干预司法“三个规定”等铁规禁令，完善人民法庭内部管理和日常监督制度，确保公正廉洁司法。

34. 加强汇报协调。要定期或者不定期就人民法庭工作向当地党委作专题汇报，推动把加强人民法庭工作作为强基导向、乡村振兴、基层治理体系和治理能力现代化等重点工作纳入党委政府总体工作格局，切实解决人民法庭工作实际困难。

35. 健全工作机制。探索地方三级人民法院院长抓人民法庭工作的组织领导思路，切实把人民法庭工作当做“一把手”工程，将法院工作重心下移到基层基础。各级人民法院院领导应当深入人民法庭开展调查研究，高级、中级人民法院院领导应当确定1－2个人民法庭作为联

系点，并适时调整，经常性到人民法庭调查研究。强化发挥各级人民法院人民法庭领导小组及其办事机构的实际作用，加强归口管理，统筹推进人民法庭工作，定期研究解决人民法庭在职能发挥、人财物保障等方面存在的问题困难和解决思路举措，积极推动人民法庭工作融入当地社会治理体制。

本意见自2021年9月22日起实施，之前有关人民法庭的规定与本意见不一致的，按照本意见执行。

解读——

《最高人民法院关于推动新时代人民法庭工作高质量发展的意见》

郑学林　何　抒　危浪平　赵　志*

2021年9月13日，最高人民法院发布《关于推动新时代人民法庭工作高质量发展的意见》（以下简称《意见》）。这是继1999年最高人民法院制定印发《关于人民法庭若干问题的规定》、2005年制定出台《关于全面加强人民法庭工作的决定》、2014年制定印发《关于进一步加强新形势下人民法庭工作的若干意见》之后，根据新形势、新任务，结合人民法院审判工作实际，对人民法庭制度作出的一次里程碑式的改革和完善。《意见》的出台，是最高人民法院深入贯彻习近平法治思想、更加注重强基导向的具体实践，也是推动新时代人民法庭工作高质

* 作者单位：最高人民法院。

量发展的重大阶段性成果，对于加强新时代人民法庭工作，厚植党长期执政基层基础、服务全面推进乡村振兴、服务基层社会治理、服务人民群众高品质生活需要、传承红色司法基因、弘扬中国特色社会主义司法制度，具有十分重大的意义。为便于理解和适用，现对《意见》的制定背景、起草过程和重点内容说明如下。

一、《意见》制定背景和主要思路

（一）《意见》制定背景

习近平总书记在2021年初就政法工作作出重要指示，强调要更加注重系统观念、法治思维、强基导向，切实推动政法工作高质量发展。全国法院迅速统一思想行动，把强化人民法庭建设作为注重强基导向、集成改革成果的重点工作抓紧抓实，因地制宜，分类施策，人民法庭工作取得明显进步。同时，为全面掌握全国人民法庭工作情况，有的放矢开展人民法庭工作，掌握和解决新时代人民法庭工作高质量发展存在的问题、困难，最高人民法院和地方各级人民法院院长带头驻庭，院领导深入人民法庭蹲点调研。为了掌握第一手资料，最高人民法院归口管理部门民一庭成立专门调研组，用时近三个月，采用实地考察、走访座谈、召开片会、数据分析等方式，听取全国三十一个高院以及兵团法院、人民法庭干警、基层党委政府、当地人民群众、人大代表、政协委员意见建议，开展全方位多层次人民法庭大调研活动。在前述调研基础上，最高人民法院民一庭起草《意见》稿并广泛征求各方面意见，针对存在的问题，综合考虑改革力度和可承受程度，反复与相关职能部门、专家学者研究，以求取得最大共识和更好效果。《意见》经最高人民法院党组会审议通过后于9月13日发布，并于9月22日起施行。

（二）《意见》起草主要思路

根据人民法院组织法规定，人民法庭是基层人民法院的组成部分和派出机构。2021年7月，最高人民法院院长周强在全国高级人民法院院长座谈会上要求，新时代人民法庭工作要深刻把握人民法庭处于服务群众、解决纠纷第一线与守护公平正义最后一道防线的辩证统一关系。这个科学论断是对新时代人民法庭工作规律的生动总结，强调了人民法庭在本质上仍属于审判部门，基础职能仍然是执法办案。同时，人民法庭最大特点就是处于基层，处于服务群众、解决纠纷第一线，这既是人民法庭优势所在，也使得人民法庭以审判职能为基础衍生出多种社会责任，即立足法定职责推进乡村振兴、促进基层社会治理、满足人民群众高品质生活需要等。《意见》以此为基点，结合人民法庭面临的新形势、新情况，坚持目标导向、战略导向、问题导向，以实现人民法庭工作更好服务经济社会高质量发展，更好集成司法体制改革成果，更好夯实基层基础，推动新时代人民法庭工作高质量发展。

第一，坚持目标导向，以“三个便于”努力实现人民群众对司法公平正义的更高期待。人民的需求和期待是人民法院工作的方向和动力。随着交通便利化、诉讼服务信息化，人民法庭工作一直以来坚持的“两便”原则得以较好实现。新时代，人民群众追求解决的不再是温饱问题，也不仅仅是对物质文化的需求，而是在更高层次上对美好生活的需要，反映在司法领域就是对公平正义的更高期待。《意见》为实现人民群众对公平正义的更高期待，切实践行“努力让人民群众在每一个司法案件中感受到公平正义”的工作目标，在“两便”原则基础上，增加了“便于人民群众及时感受到公平正义”的工作原则。“三个便于”体现了继承和创新的统一。人民法庭立足审判职能，实质性推进矛盾纠纷多元化解、强化诉源治理，有效降低辖区矛盾纠纷发生率和成诉率，为坚持“便于人民群众及时感受到公平正义”打下坚实基础。在人民法庭“案多事多人少”这个主要矛盾逐渐缓和过程中，要强调人民法庭审判职能的基础地位，把实现公平正义放到更加突出的位置，回应人民群众日益增长的美好生活需要。需要强调的是，“便于当事人诉讼”“便于人民法院依法独立公正高效行使审判权”仍是人民法庭布局、队伍建设、基础建设等方面的重要工作原则。

第二，坚持战略导向，以“三个服务”紧紧围绕党和国家工作战略重心转移。进入新时代，我国社会主要矛盾发生新变化，党和国家工作战略重心也发生重要转移，新时代人民法庭工作必须立足新发展阶段，主动融入和服务党和国家中心工作，立足自身优势，找准精准发力的切入点、结合点。党中央对全面推进乡村振兴、健全城乡基层治理体系、推进共同富裕等作出一系列决策部署。《意见》深刻认识人民法庭处于服务群众、解决纠纷第一线的职能边界和定位，把握党和国家战略部署的深远考虑和重大意义，不折不扣抓好贯彻落实，以加强人民法庭工作作为关键抓手，把“服务全面推进乡村振兴”“服务基层社会治理”“服务人民群众高品质生活需要”作为新时代人民法庭工作高质量发展的重要原则。

第三，坚持问题导向，以“三个优化”积极回应人民法庭发展中存在的困难。问题就是时代的号角。在人民法庭调研活动中，我们深刻感受到“案多人少”“事多人少”是制约人民法庭高质量发展的主要矛盾，如2020年，全国人民法庭受理案件419万件、审结416万件（均约占同期基层人民法院受理、审结案件的1/4）。截至2021年6月，全国所有10145个人民法庭共有员额法官17927名、法官助理12765名、书记员20151名。法官年人均办案232件，不少地方超过300件。同时，部分地区人民法庭工作还存在思路不清晰、发展不均衡、功能定位不准确、布局与形势变化不适应、服务乡村振兴与基层社会治理作用不明显、管理保障水平不匹配等六大问题。对表主要矛盾和六大问题，《意见》在起草过程中多次征求各方意见，对一些重点问题反复与相关职能部门研讨，最终就新时代人民法庭工作重要意义和指导思想、工作原则、服务全面推进乡村振兴、服务基层社会治理、服务人民群众高品质生活需要、人员管理机制改革、专门考核机制、建设保障、组织领导等九个方面作出35条规定。其中，“优化法庭布局”“优化队伍结构”

“优化专业建设”把握了新时代人民法庭工作发展客观规律，《意见》坚持“三个优化”的工作原则，要求将其贯彻到新时代人民法庭工作高质量发展具体举措中。

二、《意见》重点问题解读

从全国情况看，人民法庭在审判职能上存在差异性特征淡化、人案矛盾尖锐、高水平审判能力欠缺、裁判规则供给不足等问题；在参与基层社会治理、服务乡村振兴等综合职能上存在认识不清、界限不明、资源不足等问题；在自身建设上存在发展不平衡、保障不充分等问题。这些问题涉及方方面面，需要树立系统思维，加强上级人民法院指导，积极争取地方党委领导、人民政府支持等才能推动解决，一些重大问题还需要中央统筹解决。

（一）关于优化人民法庭布局

优化人民法庭布局是人民法庭工作高质量发展的重要保证和基础。随着经济社会迅猛发展，交通和通讯状况等发生巨大变化，部分人民法庭的设置和布局已经滞后于新形势。有的法庭所处位置不仅不能便利群众诉讼，还增加群众诉累；有少数地区因为经济迅速发展，成为新的人口集聚地，但是没有设置人民法庭或者设置不足，给当地人民群众诉讼带来不便。

《意见》主要是在城乡一体化背景下，从城乡差异入手，以人民法庭辖区范围为依据，区分城区法庭、城乡接合法庭、乡村法庭，综合考虑案件数量、区域面积、人口数量、交通条件、信息化发展状况、参与乡村振兴和社会治理任务等因素，不断优化人民法庭区域布局。

（二）关于优化人民法庭专业化建设

调研发现，基于经济社会发展、区域中心工作需要，近年来人民法庭专业化建设发展迅猛，成为人民法庭工作的新亮点。截至2021年6月，全国共有专业人民法庭840个，其中单独设立332个，加挂设立

508 个。大部分专业化法庭实行跨地域管辖，只审理一类或几类案件，与院本部机关专业审判运行方式类似；加挂专业化法庭依托于综合性法庭，除审理一般案件外，还跨区域审理婚姻家庭、未成年人、劳动争议、物业纠纷、道路交通、环保旅游、金融、医疗等类型化案件。

《意见》第 5 条根据人民法庭实际发展情况，坚持综合性与专业化相结合的发展思路，认为农村地区要继续加强和完善综合性人民法庭建设；城市近郊或者城区，可以由相关人民法庭专门或者集中负责审理新类型案件；产业特色明显地区，可以由专业化人民法庭专门负责审理涉及特定区域或者特定产业的案件。需要注意的是，人民法庭专业化建设一定要从实际出发，要有一定专业化案件数量基础，并且符合辖区社会治理实际需要。

（三）关于服务全面推进乡村振兴

民族要复兴，乡村必振兴。“十四五”规划和 2035 年远景目标纲要对优先发展农业农村、全面推进乡村振兴作出总体部署，这是新发展阶段人民法庭工作的重要使命，也是人民法庭发展的重大契机。新形势下，人民法庭将紧扣“三农”工作重心从脱贫攻坚历史性转移到全面推进乡村振兴后的新任务新要求，以司法手段服务巩固拓展脱贫攻坚成果、全面推进乡村振兴、加快农业农村现代化。人民法庭处理的基层矛盾纠纷类型与经济社会发展程度紧密相关，随着乡村振兴战略实施，人民法庭受案类型将不断丰富，对其诉源治理水平和综合审判能力提出新的更高要求。

《意见》立足人民法庭执法办案基础职责，从服务乡村产业振兴、维护农民合法权益、推动乡村文明进步、保护农村生态环境等四个方面作出规定，对“三农”、粮食安全战略、种业安全、“三权分置”等问题作出具体回应。

（四）关于服务基层社会治理

推动新时代人民法庭工作高质量发展必须要有系统观念，要立足于人民法庭法定职责，增强服务大局的自觉性。“案多人少”“事多人少”是当前制约人民法庭工作高质量发展的主要矛盾，如何扭转案件增长趋势，提高“司法生产力”，建立公正权威高效的司法体制，把执法办案与参与社会治理等工作作为整体来统筹，是新时代人民法庭工作高质量发展的必然要求。调研发现，基层党委政府对人民法庭在基层社会治理当中的作用均予充分肯定，也希望人民法庭能够发挥更大作用。现阶段人民法庭对参与基层社会治理主要有两点顾虑：一是由于矛盾纠纷就是潜在的诉讼案件，担心参与辖区政府、基层自治组织公共事务过深，影响案件客观公正审判；二是基于审判独立性和被动性特征，参与基层社会治理的方式和边界不好把握。

因此，人民法庭参与基层社会治理自发探索居多，系统化、体系化机制建设不足。大多人民法庭干警长期接触基层、直面人民群众矛盾纠纷，有强烈参与基层社会治理的责任感和情怀，深刻明白化解矛盾纠纷是人民法庭最重要职能，但是需要与其他基层组织形成化解合力。对此，《意见》从推动健全基层社会治理体系、明确参与基层治理途径、加强源头预防化解矛盾和基层法治建设、完善相关纠纷审理规则等方面作出规范。

一是推动健全基层社会治理体系。近年来，诉讼案件数量一直居高不下，对人民法院工作的影响是方方面面的。但问题根源在基层社会治理，解决问题的根本在于基层治理体系和治理能力的现代化。人民法庭工作高质量发展的重要任务之一就是要推动健全基层社会治理体系。《中国共产党政法工作条例》对基层社会治理体系中人民法庭和基层党委之间的关系作了规定，《意见》第 10 条据此强调，人民法庭要积极融入党委领导的基层社会治理框架，充分利用辖区党委政府组织优势，明确服务辖区大局司法需求，有的放矢做好基层社会治理工作，加强对矛盾纠纷的预防和化解；同时，尊重人民法庭创新基层社会治理的方式方法，服务于基层党委政府，以更大力度加强矛盾纠纷多元化解机制建设。实践中，要注重推动矛盾纠纷预防化解的实效性，凸显基层社会治理效能。

二是明确参与基层社会治理途径。2014年制定印发的《关于进一步加强新形势下人民法庭工作的若干意见》第2条指出人民法庭要积极参与基层社会治理，但是对如何参与基层社会治理则没有明确，这是实践中反映最为集中的问题之一。社会矛盾纠纷化解的实践表明，社会问题在不同阶段有不同特点。以矛盾纠纷是否发生及形成诉讼为标准，可以分为潜在纠纷、未成诉纠纷、成诉纠纷。对于潜在纠纷，要加强源头治理；对于未成诉纠纷，要加强指导各类调解；对于成诉纠纷，要加强执法办案。其中，人民法庭参与源头治理时容易与行政等部门的职能混淆。

为进一步明晰人民法庭参与基层社会治理的途径，《意见》第11条规定，对没有形成纠纷但具有潜在风险的社会问题，可以向乡镇、社区有关单位提出法律风险防控预案；对立案、审判、执行、信访等工作中发现普遍存在的社会问题，应当通过司法建议、白皮书、大数据研究报告等方式，及时向党委、政府、基层组织、社会公众反馈，服务科学决策；对已经发生矛盾纠纷的社会问题，可以提出可能适用的法律依据以及相应裁判尺度，推动社会力量进行诉讼前化解，但是不宜在诉讼程序外对已经成诉的纠纷提出处理意见。

必须注意的是，当基层人民法院、人民法庭无法准确把握参与基层社会治理的途径时，上级人民法院应当给予及时明确的指导。第11条规定实际上从另一方面明确肯定了人民法庭可以依法有序提前介入到社会矛盾纠纷预防化解工作中。调研过程中，北京市大兴区、重庆市铜梁区等地党委政府对人民法庭提前介入重大工程、突发事件、中心工作取得的良好效果均给予充分赞扬。

三是加强源头预防化解矛盾和基层法治建设。调研发现，人民法庭在编干警中，本科以上学历干警总数达27000多名，占法庭在编干警比例超过80%。《意见》为充分发挥人民法庭在服务乡村振兴、服务基层社会治理中的专业优势和人才优势，在第12条、第13条提出要推动建立以人民法庭为重要支点的基层社会法治体系，推动人民法庭进乡村、进社区、进网格，立足人民法庭法定职责，依法有序参与基层社会治理。这要求人民法庭积极推动多元化纠纷解决机制建设，加强对调解组织的指导，利用多方力量、多种平台加强矛盾纠纷的就地化解，努力降低进入诉讼程序的矛盾纠纷数量，推动建立以人民法庭为重要支点的、多层次的、多元化的基层社会矛盾纠纷解决体系。

因为只有在解决案件数量高位运行问题后，“便于人民群众及时感受到公平正义”的工作原则才能得以有效实现，人民法庭工作高质量发展才有令人信服的基础。实践中，部分人民法庭在现阶段人力资源较为紧缺，在参与基层社会治理时更要学习优秀经验和方式方法，要以先进经验为引领，既要量力而行，更要尽力而为。近期，最高人民法院还将推广运用人民法院调解平台等工作方式，推动人民法庭进乡村、进社区、进网格，广泛对接基层解纷力量，形成基层多元解纷网络，在线开展案件调解、司法确认等工作。

四是完善相关纠纷审理规则。进入新时代，社会主要矛盾发生新变化，社会利益格局大调整，矛盾纠纷不断增多，案件类型不断丰富，对人民法庭综合审判能力提出新要求。实践中，法律供给不足导致裁判标准不统一，例如集体资产分割条件、成员资格认定、拆迁腾退合同性质、家庭关系变动对户内成员界定及财产分割等缺乏明确裁判规则。基于此，《意见》第14条规定，对案件审理过程中遇到的问题，高级人民法院可以对辖区内反映强烈、处理经验成熟的问题以纪要、审判指南、参考性案例等方式及时明确裁判指引。这同时表明，涉及一些新类型、疑难复杂案件乃至历史遗留案件，在一审判决后，上级人民法院不能轻易回避矛盾，要尊重经济社会发展实际，深入了解纠纷发生的背景动机，不能因为一些轻微瑕疵随意对案件发回重审。

（五）关于服务人民群众高品质生活需要

习近平总书记强调，进入新发展阶段，必须更加注重共同富裕问题，要始终把满足人民对美好生活的新期待作为发展的出发点和落脚点。党的十九大提出，人民群众对美好生活的向往就是我们的奋斗目标。人民法庭是化解矛盾纠纷、服务人民群众的第一线，是人民法院坚持以人民为中心的最生动实践，新时代人民法庭工作应当紧扣社会主要矛盾新变化，紧紧抓住基层和乡村人民群众日益增长的司法需求与人民法庭工作发展不平衡、保障群众权益不充分之间的矛盾，服务人民群众对高品质生活的新期待。

调研发现，一站式建设有待根据各地人民法庭需求分类分步骤推进，信息化应用效果、繁简分流改革均有待进一步深化，人民法庭直接立案、执行机制有待完善，这些问题成为人民法庭服务保障人民群众高品质生活需要的制约因素。《意见》从加强民生司法保障、提升一站式诉讼服务能力、完善直接立案机制、推进案件繁简分流、推动解决送达难、推进直接执行机制等六个方面作出规范，提出要妥善处理民生案件，坚持因地制宜推进一站式建设、不搞“一刀切”，推进完善人民法庭直接立案或者基层人民法院派驻立案机制和跨域立案服务，贯彻民事诉讼程序繁简分流改革要求推进案件繁简分流，发挥电子送达、集约化送达和网格员送达优势推动解决送达难，探索部分案件根据情况由人民法庭直接执行或者由基层人民法院派驻执行组执行的工作机制，同时防范廉政风险。

（六）关于人民法庭人员管理

从现状看，人员配备不足、人才流失、法官断层问题是人民法庭工作高质量发展的最大制约因素，在城区法庭和城乡接合法庭体现为“人案矛盾”比较突出，案件较多、人力资源不足；在乡村法庭则体现为“人庭矛盾”，即法庭比较多，基层社会治理任务较多，人员较少。在参与社会治理上，专业人民法庭参与行业或者专项治理较为积极；案件少的法庭参与基层社会治理比较主动；案多人少的法庭基本上没有时间和精力主动参与日常基层社会治理。

《意见》第21条至第25条，从完善司法责任制综合配套改革、探索建立人员编制动态调整机制、完善干部锻炼培养机制、落实人民陪审员制度和加强履职保障等五个方面进行规定。实践中需把握好以下几个方面。

一是人员力量要向人民法庭倾斜。当前改革背景下，单纯靠增加编制和人员解决“人案矛盾”和“人事矛盾”难以为继。但是随着人民法庭服务乡村振兴战略、服务基层社会治理任务越来越重，相对于院机关审判部门的非办案任务越来越多，人员编制一定要向人民法庭倾斜，要大力配强审判辅助力量。

二是《意见》第22条强调，每个人民法庭至少配备一名审判员、一名法官助理、一名书记员、一名司法警察或者安保人员。这是因为在实际工作中，人民法庭除了执法办案任务以外，还承担着诉源治理、法治宣教等综合任务，前述四类人员配备为最低配置，有需要、有条件的地方应当配备三名审判员。目前，不符合该要求的人民法庭应当尽快落实该要求。

三是由于经济社会发展不平衡，同一辖区内，各人民法庭所承担的案件数与配备的编制数之间普遍难成正比。基于此，《意见》规定要结合四级人民法院审级职能定位改革，高级人民法院协调编制部门在省级层面建立人员编制动态调整机制，基层人民法院在核定编制内将编制向案件数量多、基层社会治理任务重的人民法庭倾斜。

四是强化人民法庭干部锻炼培养基地作用。干部锻炼方面，《意见》规定新入职和新晋升人员要选派或者优先到人民法庭工作。值得注意的是，为防止人民法庭干警边缘化，还要建立院机关与人民法庭人员之间定期轮岗交流等机制，人民法庭庭长任职满一定年限要进行交流。干部培养方面，要在提拔晋升时适度向长期在人民法庭工作的干警倾斜，同等条件下，人民法庭庭长优先选配为基层人民法院院领导；入额遴选，具有三年人民法庭工作经历的法官助理在同等条件下优先入额；中级人民法院遴选，应当接收适当比例具有人民法庭工作经历的法官。

五是聘用制书记员招录培养。各地普遍反映，聘用制书记员在人民法庭工作中发挥着重要作用，但是因为招录和待遇问题其已经成为人民法庭干警中最不稳定的群体。因此，《意见》规定，高级人民法院要积极争取协调人事部门，建立招录便捷机制和定向培养机制。关于待遇问题，有的部门认为由于财政政策原因，不宜在第22条中明确规定，但基层人民法院可以依据《意见》第30条主动争取地方党委政府支持，切实解决聘用制书记员的实际困难。

六是加强履职保障。调研发现，大多数人民法庭干警工作量呈饱和状态，且相比院机关审判部门履职保障更为迫切。《意见》第25条从精准培训、不实举报处理、遭受人身威胁的保护、落实抚恤政策、鼓励投保工伤保险和人身意外伤害保险等途径，有针对性地提供履职保障。实践中，这些履职保障措施都需要基层人民法院党组积极协调落实。

（七）关于人民法庭专门考核

按照工作性质，大致可以将人民法庭的工作分为三类：一是执法办案，除审判外，部分人民法庭承担立案、执行工作；二是参与基层社会治理、服务辖区重点工作、推进矛盾纠纷预防化解等司法服务保障性工作；三是党建、队建、后勤保障、基础设施等建设工作。

调研发现，人民法庭参与第二类工作方式多样，工作效果难以准确量化、确定考核权重，人民法庭大量该类工作没有纳入考核体系，缺乏激励机制。人民法庭干警普遍呼吁建立专门考核机制。为回应干警呼声、解决这一难题，最高人民法院梳理总结各地经验，反复论证，认为人民法庭工作任务繁重，参与基层社会治理和指导调解等工作需要投入大量精力和时间，如不纳入考核，则不能准确体现人民法庭干警的付出。另外，参与基层社会治理，目前主要依靠人民法庭干警特别是庭长的政治自觉，长此以往，人民法庭参与基层社会治理的积极性和可持续性将受影响。为此，《意见》第26条、第27条对人民法庭专门考核体系作了规定。

一是强调考核要符合人民法庭工作规律和司法规律，定性和定量相结合，坚决清理、取消不合理、不必要的考评项目和指标。

二是规定考核内容时，要综合考虑执法办案、指导调解、诉源治理，重点考核化解矛盾的质效。

三是为了制定合乎规律、更为科学的人民法庭专门考核机制，鼓励乡村振兴服务任务重、参与基层社会治理好的基层人民法院先行先试，为其他地方提供可复制可借鉴的经验。

四是为更好发挥人民法庭“两个平台”的作用，《意见》第32条还规定“两个平台”建设情况应当作为人民法庭工作的考核内容。

（八）关于人民法庭建设保障

人民法庭高质量发展还需要高水平保障机制，这是贯彻“强基导向”的重要内容。近年来，人民法庭基础建设提速升级。其中，经费保障迅速增长，“十三五”期间净增长2.2倍；信息化建设不断加强，部分地区科技法庭配备率达100%。但调研中也发现，不少地区人民法庭保障水平存在较大差距，个别人民法庭建设情况不容乐观。《意见》从基础设施建设、安保工作、经费保障制度、购买社会化服务、“两个平台”建设等五个方面提出明确要求。

一是对基础设施建设提出总体要求。实践中发现，部分基层人民法院基建工作不能适应人民法庭新需求；有的人民法庭建设面积不达标，办公用房和辅助用房紧缺；有的人民法庭基础设施设备投入使用时间较长，残旧坏损情况比较普遍；有的执法办案车辆老旧，用车紧张；截至2021年6月，尚有1317个人民法庭没有安装统一标识，个别人民法庭还存在名称不规范问题。因此，《意见》针对实践中的困难和问题，要求高级人民法院承担主体责任，“十四五”期间内，要实现人民法庭办公办案和辅助用房的充分保障，规范化标准化建设得到显著加强，业务装备配备水平得到较大提升，网上立案、电子送达、网上开庭等信息化设施设备配备齐全，信息化建设应用效果进一步强化，人民法庭外观标识完全统一，人民法庭工作生活条件得到较大改善。

二是加强安保工作。人民法庭安保工作形势比较严峻，全国平均每个人民法庭仅有不足一名安保人员，不少人民法庭仅配备金属检测门，其他监控和安保设施缺失，有的地方人民法庭安全检查装备配备不到五成。针对前述状况，2021年4月，最高人民法院发布了《人民法庭安全管理规定（试行）》。《意见》再次对人民法庭安保工作作出强调，并对重点风险防控举措作了细化。基层人民法院院长、人民法庭庭长作为安保责任人，应当根据实际情况，积极主动做好安保工作，切不可对安保风险无动于衷，听之任之。

三是加强经费保障。各地普遍反映经费保障只能满足日常办案需求，人民法庭维修等临时性支出和信息化建设经费缺口较大。人财物省级统管背景下，《意见》第30条根据事权与财权相统一的原则，对于人民法庭服务乡村振兴、服务辖区社会治理等地方事权，要积极协调当地政府财政支持；对于人财物省级统管地区，明确了高级人民法院负有争取协调省级有关部门下放人民法庭新建、维修等经费项目审批权的义务。与此同时，仍然可以争取辖区党委政府保障人民法庭高水平建设、继续落实好人民法庭庭长职级待遇和干警工作津贴、补贴等政策。调研可以看出，地方人财物保障与人民法庭参与基层社会治理、服务中心工作呈正向关系，即基础建设较好的人民法庭也是辖区党委政府支持比较到位、基层社会治理效果较好的法庭。

四是规范化、规模化购买社会化服务。购买社会化服务是不少地方人民法院解决人民法庭人力资源紧张的成功经验之一，以点破面，以经济资源换人力资源，效果很好。调研发现，目前人民法庭非在编人员（含聘用制人员以及第三方用工人员）共计3.2万余人，基本与在编干警数量持平。在人员编制短期内难以解决的情况下，可以推动购买社会化服务规模化，缓解人民法庭人员紧缺，同时注意规范化建设，防止廉洁风险。《意见》第31条对购买社会化服务作出了规定。实践中，人民法院应当注意推动社会化服务购买经费列入年度预算统筹保障，实际操作中可以根据自身需求确定社会化购买规模，最大可能解决人力资源紧张问题。

五是持续推进“两个平台”建设。2019年11月8日，人民法庭“两个平台”正式上线。人民法庭工作平台功能定位为注重分析管理，人民法庭信息平台为注重舆论宣传。《意见》第32条对“两个平台”建设作出了规定。目前，“两个平台”仍是新生事物，其应用推广和管理创新还不够，各地人民法院应当把人民法庭“两个平台”建设情况作为工作考核内容，激励效能发挥。

（九）关于人民法庭工作的组织领导

《意见》第33条到第35条从党的建设、汇报协调、工作机制三个方面对人民法庭工作的组织领导作出了规定。

一是坚定不移地加强党的建设。人民法庭党建只能加强，不能削弱，要坚持“支部建在庭上”，实现党的组织和党的工作全覆盖。推进人民法庭党支部标准化、规范化建设，党建工作应当引领人民法庭工作全过程，充分发挥党建工作在队伍建设、司法管理、廉洁司法中的重要作用，学会创新人民法庭党建模式，不能以人员少、工作多、任务重忽视党建工作。不少人民法庭党建品牌建设非常具有特色，在队伍建设、审判工作乃至基层社会治理等方面发挥了不可替代的作用。

二是向辖区党委汇报协调。辖区党委政府既是人民法庭司法服务保障对象，也是人民法庭坚强有力的组织保障。人民法庭工作必须服务辖区经济社会发展大局，人民法庭工作高质量发展同样也有赖党委政府实实在在的支持。《意见》明确要求，各级地方人民法院要定期或者不定期就人民法庭工作向当地党委作专题汇报，推动把加强人民法庭工作作为重点工作纳入党委政府总体工作格局，寻求辖区党委在人力资源、职级待遇、经费保障等方方面面的支持，切实解决人民法庭工作存在的实际困难。例如，湖北省人大常委会制定《关于充分发挥人民法庭作用促进基层社会治理的决定》，切实推动人民法庭工作高质量发展。

三是完善管理工作机制。人民法庭工作高质量发展需要司法管理机制高质高效，需要将人民法院工作重心下移到人民法庭。人民法庭作为人民法院组织法专门规定的机构，其工作内容对内包括执法办案、政治建设、队伍建设、基础设施建设、经费保障、安全保障等，对外还包括诉源治理、指导调解等内容，综合性较强，任何一个职能部门均无法有效直接管理。基于此，《意见》从三个层面对人民法庭的司法管理予以规定。第一层面要求地方三级人民法院院长亲自统筹人民法庭工作，把人民法庭工作当作“一把手”工程，将人民法院工作重心下移到基层基础。第二层面要求各级人民法院院领导大兴调查研究之风，确定一至两个人民法庭联系点，及时发现问题，总结经验。这是因为人民法庭只设立在基层人民法院，上级人民法院领导如不深入开展调研，很难正确认识人民法庭工作中存在的困难，提出有效的解决措施。第三层面发挥人民法庭领导小组及其办事机构的实际作用，实质上要求明确小组中各部门的工作职责，加强归口管理，定期研究解决人民法庭工作中的问题困难。

（来源：《人民司法》2021年第31期）

人力资源和社会保障部　国家发展和改革委员会
交通运输部　应急管理部　国家市场监督管理总局
国家医疗保障局　最高人民法院　中华全国总工会

关于维护新就业形态劳动者劳动保障权益的指导意见

2021年7月16日　　人社部发〔2021〕56号

各省、自治区、直辖市人民政府、高级人民法院、总工会，新疆生产建设兵团，新疆维吾尔自治区高级人民法院生产建设兵团分院，新疆生产建设兵团总工会：

近年来，平台经济迅速发展，创造了大量就业机会，依托互联网平台就业的网约配送员、网约车驾驶员、货车司机、互联网营销师等新就业形态劳动者数量大幅增加，维护劳动者劳动保障权益面临新情况新问题。为深入贯彻落实党中央、国务院决策部署，支持和规范发展新就业形态，切实维护新就业形态劳动者劳动保障权益，促进平台经济规范健康持续发展，经国务院同意，现提出以下意见：

一、规范用工，明确劳动者权益保障责任

（一）指导和督促企业依法合规用工，积极履行用工责任，稳定劳

动者队伍。主动关心关爱劳动者，努力改善劳动条件，拓展职业发展空间，逐步提高劳动者权益保障水平。培育健康向上的企业文化，推动劳动者共享企业发展成果。

（二）符合确立劳动关系情形的，企业应当依法与劳动者订立劳动合同。不完全符合确立劳动关系情形但企业对劳动者进行劳动管理（以下简称不完全符合确立劳动关系情形）的，指导企业与劳动者订立书面协议，合理确定企业与劳动者的权利义务。个人依托平台自主开展经营活动、从事自由职业等，按照民事法律调整双方的权利义务。

（三）平台企业采取劳务派遣等合作用工方式组织劳动者完成平台工作的，应选择具备合法经营资质的企业，并对其保障劳动者权益情况进行监督。平台企业采用劳务派遣方式用工的，依法履行劳务派遣用工单位责任。对采取外包等其他合作用工方式，劳动者权益受到损害的，平台企业依法承担相应责任。

二、健全制度，补齐劳动者权益保障短板

（四）落实公平就业制度，消除就业歧视。企业招用劳动者不得违法设置性别、民族、年龄等歧视性条件，不得以缴纳保证金、押金或者其他名义向劳动者收取财物，不得违法限制劳动者在多平台就业。

（五）健全最低工资和支付保障制度，推动将不完全符合确立劳动关系情形的新就业形态劳动者纳入制度保障范围。督促企业向提供正常劳动的劳动者支付不低于当地最低工资标准的劳动报酬，按时足额支付，不得克扣或者无故拖欠。引导企业建立劳动报酬合理增长机制，逐步提高劳动报酬水平。

（六）完善休息制度，推动行业明确劳动定员定额标准，科学确定劳动者工作量和劳动强度。督促企业按规定合理确定休息办法，在法定节假日支付高于正常工作时间劳动报酬的合理报酬。

（七）健全并落实劳动安全卫生责任制，严格执行国家劳动安全卫

生保护标准。企业要牢固树立安全“红线”意识，不得制定损害劳动者安全健康的考核指标。要严格遵守安全生产相关法律法规，落实全员安全生产责任制，建立健全安全生产规章制度和操作规程，配备必要的劳动安全卫生设施和劳动防护用品，及时对劳动工具的安全和合规状态进行检查，加强安全生产和职业卫生教育培训，重视劳动者身心健康，及时开展心理疏导。强化恶劣天气等特殊情形下的劳动保护，最大限度减少安全生产事故和职业病危害。

（八）完善基本养老保险、医疗保险相关政策，各地要放开灵活就业人员在就业地参加基本养老、基本医疗保险的户籍限制，个别超大型城市难以一步实现的，要结合本地实际，积极创造条件逐步放开。组织未参加职工基本养老、职工基本医疗保险的灵活就业人员，按规定参加城乡居民基本养老、城乡居民基本医疗保险，做到应保尽保。督促企业依法参加社会保险。企业要引导和支持不完全符合确立劳动关系情形的新就业形态劳动者根据自身情况参加相应的社会保险。

（九）强化职业伤害保障，以出行、外卖、即时配送、同城货运等行业的平台企业为重点，组织开展平台灵活就业人员职业伤害保障试点，平台企业应当按规定参加。采取政府主导、信息化引领和社会力量承办相结合的方式，建立健全职业伤害保障管理服务规范和运行机制。鼓励平台企业通过购买人身意外、雇主责任等商业保险，提升平台灵活就业人员保障水平。

（十）督促企业制定修订平台进入退出、订单分配、计件单价、抽成比例、报酬构成及支付、工作时间、奖惩等直接涉及劳动者权益的制度规则和平台算法，充分听取工会或劳动者代表的意见建议，将结果公示并告知劳动者。工会或劳动者代表提出协商要求的，企业应当积极响应，并提供必要的信息和资料。指导企业建立健全劳动者申诉机制，保障劳动者的申诉得到及时回应和客观公正处理。

三、提升效能，优化劳动者权益保障服务

（十一）创新方式方法，积极为各类新就业形态劳动者提供个性化职业介绍、职业指导、创业培训等服务，及时发布职业薪酬和行业人工成本信息等，为企业和劳动者提供便捷化的劳动保障、税收、市场监管等政策咨询服务，便利劳动者求职就业和企业招工用工。

（十二）优化社会保险经办，探索适合新就业形态的社会保险经办服务模式，在参保缴费、权益查询、待遇领取和结算等方面提供更加便捷的服务，做好社会保险关系转移接续工作，提高社会保险经办服务水平，更好保障参保人员公平享受各项社会保险待遇。

（十三）建立适合新就业形态劳动者的职业技能培训模式，保障其平等享有培训的权利。对各类新就业形态劳动者在就业地参加职业技能培训的，优化职业技能培训补贴申领、发放流程，加大培训补贴资金直补企业工作力度，符合条件的按规定给予职业技能培训补贴。健全职业技能等级制度，支持符合条件的企业按规定开展职业技能等级认定。完善职称评审政策，畅通新就业形态劳动者职称申报评价渠道。

（十四）加快城市综合服务网点建设，推动在新就业形态劳动者集中居住区、商业区设置临时休息场所，解决停车、充电、饮水、如厕等难题，为新就业形态劳动者提供工作生活便利。

（十五）保障符合条件的新就业形态劳动者子女在常住地平等接受义务教育的权利。推动公共文体设施向劳动者免费或低收费开放，丰富公共文化产品和服务供给。

四、齐抓共管，完善劳动者权益保障工作机制

（十六）保障新就业形态劳动者权益是稳定就业、改善民生、加强社会治理的重要内容。各地区要加强组织领导，强化责任落实，切实做好新就业形态劳动者权益保障各项工作。人力资源社会保障部、国家发

展改革委、交通运输部、应急部、市场监管总局、国家医保局、最高人民法院、全国总工会等部门和单位要认真履行职责，强化工作协同，将保障劳动者权益纳入数字经济协同治理体系，建立平台企业用工情况报告制度，健全劳动者权益保障联合激励惩戒机制，完善相关政策措施和司法解释。

（十七）各级工会组织要加强组织和工作有效覆盖，拓宽维权和服务范围，积极吸纳新就业形态劳动者加入工会。加强对劳动者的思想政治引领，引导劳动者理性合法维权。监督企业履行用工责任，维护好劳动者权益。积极与行业协会、头部企业或企业代表组织开展协商，签订行业集体合同或协议，推动制定行业劳动标准。

（十八）各级法院和劳动争议调解仲裁机构要加强劳动争议办案指导，畅通裁审衔接，根据用工事实认定企业和劳动者的关系，依法依规处理新就业形态劳动者劳动保障权益案件。各类调解组织、法律援助机构及其他专业化社会组织要依法为新就业形态劳动者提供更加便捷、优质高效的纠纷调解、法律咨询、法律援助等服务。

（十九）各级人力资源社会保障行政部门要加大劳动保障监察力度，督促企业落实新就业形态劳动者权益保障责任，加强治理拖欠劳动报酬、违法超时加班等突出问题，依法维护劳动者权益。各级交通运输、应急、市场监管等职能部门和行业主管部门要规范企业经营行为，加大监管力度，及时约谈、警示、查处侵害劳动者权益的企业。

各地区各有关部门要认真落实本意见要求，出台具体实施办法，加强政策宣传，积极引导社会舆论，增强新就业形态劳动者职业荣誉感，努力营造良好环境，确保各项劳动保障权益落到实处。

中华全国总工会有关负责人就《关于维护新就业形态劳动者劳动保障权益的意见》答记者问

近年来，新就业形态劳动者权益保障问题广受关注。为充分履行工会维权服务基本职责，切实维护新就业形态劳动者劳动保障权益，中华全国总工会等部门于2021年7月16日下发了《关于维护新就业形态劳动者劳动保障权益的意见》（以下简称《意见》）。中华全国总工会有关负责人就《意见》相关问题接受了记者采访。

问：《意见》出台的主要背景是什么？

答：党中央高度重视维护好新就业形态劳动者劳动保障权益。习近平总书记多次作出明确指示，要求维护好新就业形态劳动者合法权益。2020年5月23日，习近平总书记在全国政协经济界联组会上指出，新就业形态领域当前最突出的就是新就业形态劳动者法律保障问题等。2020年11月24日，习近平总书记在全国劳动模范和先进工作者表彰大会上强调，要适应新技术新业态新模式的迅猛发展，采取多种手段，维护好快递员、网约工、卡车司机等就业群体的合法权益。2021年4月27日，习近平总书记在广西考察时要求，要完善多渠道灵活就业的社会保障制度，维护好卡车司机、快递员、外卖配送员等的合法权益。新就业形态劳动者在我国经济社会发展中发挥着不可或缺的重要作用。解决好新就业形态劳动者在工资收入、社会保障、劳动保护、职业培训、组织建设和精神文化需求等方面的困难和问题，是落实习近平总书记重要指示和党中央决策部署的必然要求，是促进平台经济长期健康发展的必然要求，是工会履行好维权服务基本职责的必然要求。作为职工权益的代表者和维护者，各级工会必须充分认识维护新就业形态劳动者劳动保障权益的重要性紧迫性，强化责任担当，扎实做好维权服务各项工作。正是在这样的背景下，中华全国总工会等部门研究出台了《意见》。

问：在起草《意见》过程中主要有哪些考虑？

答：在研究起草《意见》时，我们主要有以下几方面考虑：一是坚持以习近平新时代中国特色社会主义思想为指导，坚决贯彻落实习近平总书记关于工人阶级和工会工作的重要论述，贯彻落实习近平总书记关于维护好新就业形态劳动者劳动保障权益的重要指示精神。二是坚持以党建带工建的工作原则，坚持以职工为中心的工作导向，坚持立足大局、顺势而为、审慎稳妥的工作方针。三是聚焦解决新就业形态劳动者最关心最直接最现实的急难愁盼问题，推动建立健全新就业形态劳动者权益保障机制，不断增强新就业形态劳动者的获得感、幸福感、安全感。四是以扎实有效的维权服务，最大限度地把新就业形态劳动者吸引过来、组织起来、稳固下来。

问：工会作为职工利益的代表者和维护者，为维护新就业形态劳动者权益做了哪些工作？

答：中华全国总工会近年在新就业形态劳动者权益保障方面，主要开展了以下工作。一是密切关注新就业形态劳动者权益保障问题。2017年，中华全国总工会开展第八次职工队伍状况调查，就新技术新业态新模式下职工队伍和劳动关系发展情况形成了专题报告。2018 年，开始推动“八大群体”建会入会工作，而“八大群体”当中有相当一部分属于新就业形态劳动者。二是 2021 年以来，围绕新就业形态群体权益保障开展专题调研，形成研究报告并提交立法机关和相关部委。2021 年 3 月，通过全国政协总工会界别向全国政协十三届四次会议提交《关于加强对新就业形态劳动者权益保障的建议》，明确提出完善法律政策、加强执法监管、强化行业自律等建议。三是通过不同方式参与有关部委关于新就业形态劳动者权益维护的政策文件制定，代表职工表达意见诉求，加入相关行业新业态协同监管部际联席会议机制，提出明确平台企业责任、分类规范用工行为、建立协商协调机制等建议，推动解决新就业形态劳动者最为关心的职业风险高、工作时间长、劳动强度大、保障水平低等问题。四是指导部分地方工会探索建立网约送餐行业、快递行业集体协商机制，协商制定配送单价、劳动保护等相关行业劳动标准，积极维护新就业形态劳动者权益，并总结推广相关经验。五是开展包括推行工会劳动法律监督“两书”制度、开展劳动用工“法律体检”等在内的工会劳动法律监督工作，推动劳动保障法律执行，维护职工合法权益。与最高人民法院联合下发通知，指导各级工会依托人民法院调解信息平台，聚焦新就业形态劳动者权益保障等问题，加强工会参与劳动争议线上线下调解工作。

问：中华全国总工会为什么要突出强调新就业形态劳动者的建会入会工作？

答：与传统意义上的职工相比，新就业形态群体具有组织方式平台化、工作机会互联网化、工作时间碎片化、就业契约去劳动关系化及流动性强、组织程度偏低等特点，权益维护面临许多困难问题。工会是职工自愿结合的工人阶级群众组织，维护职工合法权益、竭诚服务职工群众是工会的基本职责。新就业形态劳动者是职工队伍的重要组成部分，在推动经济社会高质量发展中发挥着重要作用，工会要把维护劳动者合法权益的大旗牢牢扛在肩上。组织劳动者入会是为其提供维权服务最基础的环节，必须放在突出重要的位置予以强调。将职工群众组织起来，切实维护好他们的合法权益，是工会的法定职责，也是党交给工会的一项重大政治任务。2018 年 10 月 29 日，习近平总书记在同全国总工会新一届领导班子成员集体谈话时指出，工会要通过多种有效方式，把快递员、送餐员、卡车司机等灵活就业群体、各类平台就业群体吸引过来、组织起来、稳固下来，使工会成为他们愿意依靠的组织。组织新就业形态劳动者加入工会是落实习近平总书记重要指示和党中央决策部署的必然要求，是工会组织向新兴领域新兴群体延伸、适应工会工作实践发展的现实任务，也是吸引凝聚职工、维护职工队伍团结稳定的迫切需要，对于扩大工会组织有效覆盖、密切工会与职工群众联系、巩固党执政的阶级基础和群众基础具有重要意义。对于平台企业而言，支持所属从业人员组建工会、加入工会，通过工会了解他们的意愿，代表他们反映诉求、与企业沟通协商，能够大幅降低企业管理成本，及时化解劳资矛盾，有效激发从业者劳动热情和创造力，不断助力企业可持续高质量发展。

问：新就业形态劳动者建会入会方面存在什么困难，为解决这些困难，工会采取了哪些办法，下一步将采取何种措施？

答：新就业形态劳动者建会入会的困难主要表现在：部分劳动者劳动关系不清晰不明确，对原有建会入会模式提出挑战；分散流动的就业方式，与工会属地化组建和管理为主的传统方式不适应；线下难联系、线上难接触，入会途径不畅；入会后的经费保障、服务方式、服务内容、管理模式等相关问题与传统行业有所区别；等等。为破解难题，推进新就业形态劳动者入会，近年来各级工会组织采取了一些有针对性的措施：针对就业灵活、组织形式多样等特点，因地制宜探索建会模式，通过企业“单独建”、龙头企业“牵头建”、借助行业力量“推动建”等方式，怎么有利于组织他们，就怎么建会；针对流动分散等特点，采取网上申请入会、建立流动入会窗口、依托“小三级”工会区域兜底，特别是建好建强区域性、行业性工会联合会，发挥联合会的覆盖作用；

针对对工会了解不够等问题，注重在宣传引导上下功夫，通过培训座谈、热线解答、发放宣传折页、播放宣传片等多种方式，借助工会媒体、“智慧工会”、工会App、微信公众号等多种平台，打造适合不同受众、不同人群的立体化宣传格局；针对工会“黏性”不够问题，积极探索服务方式和保障举措，以贴心服务拉近职工、吸引他们自愿入会。下一步，中华全国总工会将把推进新就业形态劳动者入会作为一项重大任务，加大创新和探索实践力度，破解制度性、政策性难题，最大限度地将新就业形态劳动者吸纳到工会中来。一是加强组织领导，进一步健全完善统筹协调机制，中华全国总工会成立推进新就业形态群体工会工作领导小组，并设立建会入会专项小组，全力推进建会入会工作。同时，加强顶层设计，目前正研究起草组织新就业形态劳动者入会的指导性文件，通过强化目标指引和政策保障，加快推进步伐。二是下大力气突破，聚焦重点行业、重点领域，推动具有影响力的互联网平台企业依法建立工会组织，切实发挥平台企业、头部企业在建会中的示范作用，带动货运挂靠企业、快递加盟企业、外卖送餐代理商、劳务派遣公司等关联企业规范建立工会，完善组织体系，扩大有效覆盖。同时，根据各地情况和行业实际，推行“行业覆盖、区域兜底”建会入会模式，最大限度争取零散从业、灵活就业的新就业形态劳动者应入尽入。三是拓宽入会渠道，立足新就业形态劳动者劳动关系复杂、就业灵活、流动性大等特点，探索推行流动窗口入会、职工沟通会现场入会等多种便捷入会方式，通过举行入会仪式等活动，增强会员意识，扩大工会影响。针对新就业形态劳动者多依托互联网平台就业的实际，结合智慧工会建设，加快推进网上入会步伐，逐步健全支持网上便捷入会的大数据系统和服务平台。四是倾斜资源力量，在经费保障上，中华全国总工会将继续加大专项资金投入力度，引导各地加大投入，推广上海等地对灵活就业人员经费保障的经验，保障入会工作持续开展。在力量保障上，积极建设专干、社工、义工（志愿者、积极分子）相结合的基层工作队伍，突出抓好社会化工会工作者队伍建设，逐步缓解基层力量不足的难题。在阵地保障上，通过工会自建、项目合作、党群共建等方式，推进覆盖重点群体的“司机之家”、户外劳动者服务站点等建设。力争到“十四五”末，全国“司机之家”达到1000家，并建立一批覆盖新就业形态群体的“会站家”示范点。

问：《意见》提出了哪些工作举措？

答：在工作举措方面，《意见》主要从以下七个方面作了安排：一是强化思想政治引领。切实履行好工会组织的政治责任，坚持不懈用习近平新时代中国特色社会主义思想教育引导新就业形态劳动者，增强他们对中国特色社会主义和社会主义核心价值观的思想认同、情感认同，更加紧密地团结在以习近平同志为核心的党中央周围。深入新就业形态劳动者群体，广泛宣传党的路线方针政策和保障新就业形态劳动者群体权益的政策举措，将党的关怀和温暖及时送达。深入了解新就业形态劳动者群体的思想状况、工作实际、生活需求，引导他们依法理性表达利益诉求。关心关爱新就业形态劳动者，以多样性服务项目实效打动人心、温暖人心、影响人心、凝聚人心，团结引导他们坚定不移听党话、跟党走。二是加快推进建会入会。加强对新就业形态劳动者入会问题的研究，加快制定出台相关指导性文件，对建立平台企业工会组织和新就业形态劳动者入会予以引导和规范。强化分类指导，明确时间节点，集中推动重点行业企业特别是头部企业及其下属企业、关联企业依法普遍建立工会组织，积极探索适应货车司机、网约车司机、快递员、外卖配送员等不同职业特点的建会入会方式，通过单独建会、联合建会、行业建会、区域建会等多种方式扩大工会组织覆盖面，最大限度吸引新就业形态劳动者加入工会。三是切实维护合法权益。发挥产业工会作用，积极与行业协会、头部企业或企业代表组织就行业计件单价、订单分配、抽成比例、劳动定额、报酬支付办法、进入退出平台规则、工作时间、休息休假、劳动保护、奖惩制度等开展协商，维护新就业形态劳动者的劳动经济权益。督促平台企业在规章制度制定及算法等重大事项确定中严格遵守法律法规要求，通过行业职工代表大会、行业劳资恳谈会等民主管理形式听取劳动者意见诉求，保障好劳动者的知情权、参与权、表达权、监督权等民主政治权利。督促平台企业履行社会责任，促进新就业形态劳动者体面劳动、舒心工作、全面发展。加强工会劳动法律监督，配合政府及其有关部门监察执法，针对重大典型违法行为及时发声，真正做到哪里有职工，哪里就应该有工会组织，哪里的职工合法权益受到侵害，哪里的工会就要站出来说话。四是推动健全劳动保障法律制度。积极推动和参与制定修改劳动保障法律法规，充分表达新就业形态劳动者意见诉求，使新就业形态劳动者群体各项权益在法律源头上得以保障。配合政府及其有关部门，加快完善工时制度，推进职业伤害保障试点工作。推动司法机关出台相关司法解释和指导案例。五是及时提供优质服务。深入开展“尊法守法·携手筑梦”服务农民工公益法律服务行动和劳动用工“法律体检”活动，广泛宣传相关劳动法律法规及政策规定，督促企业合法用工。推动完善社会矛盾纠纷多元预防调处化解综合机制，重点针对职业伤害、工作时间、休息休假、劳动保护等与平台用工密切相关的问题，为新就业形态劳动者提供法律服务。充分利用工会自有资源和社会资源，加强职工之家建设和会站家一体化建设，推进司机之家等服务阵地建设，规范和做好工会户外劳动者服务站点工作，联合开展货车司机职业发展与保障行动、组织和关爱快递员、外卖送餐员行动等。加大普惠服务工作力度，丰富工会服务新就业形态劳动者的内容和方式。针对新就业形态劳动者特点和需求组织各类文体活动，丰富他们的精神文化生活。六是提升网上服务水平。加快推进智慧工会建设，紧扣新就业形态劳动者依托互联网平台开展工作的特点，大力推行网上入会方式，创新服务内容和服务模式，让广大新就业形态劳动者全面了解工会、真心向往工会、主动走进工会。构建“互联网+”服务职工体系，完善网上普惠服务、就业服务、技能竞赛、困难帮扶、法律服务等，形成线上线下有机融合、相互支撑的组织体系，为新就业形态劳动者提供更加及时精准的服务。七是加强素质能力建设。针对新就业形态劳动者职业特点和需求，开展职业教育培训、岗位技能培训、职业技能竞赛等活动，推动新就业形态劳动者职业素质整体提升。组织开展贴近新就业形态劳动者群体特点的法治宣传教育，提高劳动者维权意识和维权能力。开展心理健康教育，提升新就业形态劳动者适应城市生活、应对困难压力、缓解精神负担的能力。

（来源：《工人日报》2021 年 7 月 20 日）

最高人民法院

印发《关于修改〈最高人民法院关于司法解释工作的规定〉的决定》的通知

2021 年 6 月 9 日　　　　法发〔2021〕20 号

各省、自治区、直辖市高级人民法院，解放军军事法院，新疆维吾尔自治区高级人民法院生产建设兵团分院；本院各单位：

《最高人民法院关于修改〈最高人民法院关于司法解释工作的规定〉的决定》已于 2021 年 6 月 8 日经最高人民法院审判委员会第 1841 次会议通过，现印发给你们，请遵照执行。

最高人民法院

关于修改《最高人民法院关于司法解释工作的规定》的决定

（2021年6月8日最高人民法院审判委员会第1841次会议通过
自2021年6月16日起施行）

根据审判执行工作的需要，经最高人民法院审判委员会第1841次会议决定，对《最高人民法院关于司法解释工作的规定》作如下修改：

将第六条第一款修改为：“司法解释的形式分为‘解释’、‘规定’、‘规则’、‘批复’和‘决定’五种。”

在第六条第三款之后增加一款作为第四款：“对规范人民法院审判执行活动等方面的司法解释，可以采用‘规则’的形式。”

原第六条第四款、第五款作为第六条第五款、第六款。

本决定自2021年6月16日起施行。

根据本决定，《最高人民法院关于司法解释工作的规定》作相应修改后重新公布。

最高人民法院
关于司法解释工作的规定

（2006 年 12 月 11 日最高人民法院审判委员会第 1408 次会议通过自 2007 年 4 月 1 日起施行　根据 2021 年 6 月 8 日最高人民法院审判委员会第 1841 次会议通过的《最高人民法院关于修改〈最高人民法院关于司法解释工作的规定〉的决定》修正该决定自 2021 年 6 月 16 日起施行）

一、一般规定

第一条　为进一步规范和完善司法解释工作，根据《中华人民共和国人民法院组织法》、《中华人民共和国各级人民代表大会常务委员会监督法》和《全国人民代表大会常务委员会关于加强法律解释工作的决议》等有关规定，制定本规定。

第二条　人民法院在审判工作中具体应用法律的问题，由最高人民法院作出司法解释。

第三条　司法解释应当根据法律和有关立法精神，结合审判工作实际需要制定。

第四条　最高人民法院发布的司法解释，应当经审判委员会讨论通过。

第五条　最高人民法院发布的司法解释，具有法律效力。

第六条　司法解释的形式分为“解释”、“规定”、“规则”、“批复”和“决定”五种。

对在审判工作中如何具体应用某一法律或者对某一类案件、某一类问题如何应用法律制定的司法解释，采用“解释”的形式。

根据立法精神对审判工作中需要制定的规范、意见等司法解释，采用“规定”的形式。

对规范人民法院审判执行活动等方面的司法解释，可以采用“规则”的形式。

对高级人民法院、解放军军事法院就审判工作中具体应用法律问题的请示制定的司法解释，采用“批复”的形式。

修改或者废止司法解释，采用“决定”的形式。

第七条　最高人民法院与最高人民检察院共同制定司法解释的工作，应当按照法律规定和双方协商一致的意见办理。

第八条　司法解释立项、审核、协调等工作由最高人民法院研究室统一负责。

二、立项

第九条　制定司法解释，应当立项。

第十条　最高人民法院制定司法解释的立项来源：

（一）最高人民法院审判委员会提出制定司法解释的要求；

（二）最高人民法院各审判业务部门提出制定司法解释的建议；

（三）各高级人民法院、解放军军事法院提出制定司法解释的建议或者对法律应用问题的请示；

（四）全国人大代表、全国政协委员提出制定司法解释的议案、提案；

（五）有关国家机关、社会团体或者其他组织以及公民提出制定司法解释的建议；

（六）最高人民法院认为需要制定司法解释的其他情形。

基层人民法院和中级人民法院认为需要制定司法解释的，应当层报高级人民法院，由高级人民法院审查决定是否向最高人民法院提出制定司法解释的建议或者对法律应用问题进行请示。

第十一条 最高人民法院审判委员会要求制定司法解释的，由研究室直接立项。

对其他制定司法解释的立项来源，由研究室审查是否立项。

第十二条 最高人民法院各审判业务部门拟制定“解释”、“规定”类司法解释的，应当于每年年底前提出下一年度的立项建议送研究室。

研究室汇总立项建议，草拟司法解释年度立项计划，经分管院领导审批后提交审判委员会讨论决定。

因特殊情况，需要增加或者调整司法解释立项的，有关部门提出建议，由研究室报分管院领导审批后报常务副院长或者院长决定。

第十三条 最高人民法院各审判业务部门拟对高级人民法院、解放军军事法院的请示制定批复的，应当及时提出立项建议，送研究室审查立项。

第十四条 司法解释立项计划应当包括以下内容：立项来源，立项的必要性，需要解释的主要事项，司法解释起草计划，承办部门以及其他必要事项。

第十五条 司法解释应当按照审判委员会讨论通过的立项计划完成。未能按照立项计划完成的，起草部门应当及时写出书面说明，由研究室报分管院领导审批后提交审判委员会决定是否继续立项。

三、起草与报送

第十六条 司法解释起草工作由最高人民法院各审判业务部门负责。

涉及不同审判业务部门职能范围的综合性司法解释，由最高人民法院研究室负责起草或者组织、协调相关部门起草。

第十七条 起草司法解释，应当深入调查研究，认真总结审判实践经验，广泛征求意见。

涉及人民群众切身利益或者重大疑难问题的司法解释，经分管院领导审批后报常务副院长或者院长决定，可以向社会公开征求意见。

第十八条 司法解释送审稿应当送全国人民代表大会相关专门委员会或者全国人民代表大会常务委员会相关工作部门征求意见。

第十九条 司法解释送审稿在提交审判委员会讨论前，起草部门应当将送审稿及其说明送研究室审核。

司法解释送审稿及其说明包括：立项计划、调研情况报告、征求意见情况、分管副院长对是否送审的审查意见、主要争议问题和相关法律、法规、司法解释以及其他相关材料。

第二十条 研究室主要审核以下内容：

（一）是否符合宪法、法律规定；

（二）是否超出司法解释权限；

（三）是否与相关司法解释重复、冲突；

（四）是否按照规定程序进行；

（五）提交的材料是否符合要求；

（六）是否充分、客观反映有关方面的主要意见；

（七）主要争议问题与解决方案是否明确；

（八）其他应当审核的内容。

研究室应当在一个月内提出审核意见。

第二十一条 研究室认为司法解释送审稿需要进一步修改、论证或者协调的，应当会同起草部门进行修改、论证或者协调。

第二十二条 研究室对司法解释送审稿审核形成草案后，由起草部门报分管院领导和常务副院长审批后提交审判委员会讨论。

四、讨论

第二十三条 最高人民法院审判委员会应当在司法解释草案报送之次日起三个月内进行讨论。逾期未讨论的，审判委员会办公室可以报常务副院长批准延长。

第二十四条 司法解释草案经审判委员会讨论通过的，由院长或者常务副院长签发。

司法解释草案经审判委员会讨论原则通过的，由起草部门会同研究室根据审判委员会讨论决定进行修改，报分管副院长审核后，由院长或者常务副院长签发。

审判委员会讨论认为制定司法解释的条件尚不成熟的，可以决定进一步论证、暂缓讨论或撤销立项。

五、发布、施行与备案

第二十五条 司法解释以最高人民法院公告形式发布。

司法解释应当在《最高人民法院公报》和《人民法院报》刊登。

司法解释自公告发布之日起施行，但司法解释另有规定的除外。

第二十六条 司法解释应当自发布之日起三十日内报全国人民代表大会常务委员会备案。

备案报送工作由办公厅负责，其他相关工作由研究室负责。

第二十七条 司法解释施行后，人民法院作为裁判依据的，应当在司法文书中援引。

人民法院同时引用法律和司法解释作为裁判依据的，应当先援引法律，后援引司法解释。

第二十八条 最高人民法院对地方各级人民法院和专门人民法院在审判工作中适用司法解释的情况进行监督。上级人民法院对下级人民法院在审判工作中适用司法解释的情况进行监督。

六、编纂、修改、废止

第二十九条 司法解释的编纂由审判委员会决定，具体工作由研究室负责，各审判业务部门参加。

第三十条 司法解释需要修改、废止的，参照司法解释制定程序的相关规定办理，由审判委员会讨论决定。

第三十一条 本规定自 2007 年 4 月 1 日起施行。1997 年 7 月 1 日发布的《最高人民法院关于司法解释工作的若干规定》同时废止。

地方司法业务文件与解读

湖南省高级人民法院

关于防范虚假民间借贷诉讼的实施细则（试行）

（湖南省高级人民法院 2021 年 9 月 12 日审判委员会会议通过）

虚假民间借贷诉讼，不仅会损害国家利益与社会公共利益，还会破坏营商环境和司法秩序，严重侵害人民群众的合法权益。为防范虚假民间借贷诉讼，营造诚实守信的诉讼环境，维护司法权威和司法公信力，保障人民群众的合法权益，根据《中华人民共和国民法典》《中华人民共和国民事诉讼法》《最高人民法院、最高人民检察院、公安部、司法部关于进一步加强虚假诉讼犯罪惩治工作的意见》等规定，结合审判实践，制定本实施细则。

一、准确界定虚假民间借贷诉讼

第一条【虚假民间借贷诉讼的概念】 虚假民间借贷诉讼，是指在民事主体之间因资金融通行为引发的纠纷中，当事人或其他诉讼参与人，单独或者与他人恶意串通，采取捏造事实、伪造证据、虚假陈述等方式，虚构法律关系提起诉讼，损害国家、社会公共利益，妨害司法秩序，侵害他人合法权益的行为。人民法院要慎重审查民间借贷案件，提高虚假民间借贷诉讼的辨别意识和防范能力。

第二条【虚假民间借贷诉讼的主要表现形式】 在审查民间借贷案件时，发现存在下列情形之一的，应当严格审查借贷发生的原因、时间、地点、款项来源、交付方式、款项流向以及借贷双方的关系、经济状况等事实，综合判断是否属于虚假民间借贷诉讼：

（一）出借人明显不具备出借能力的；

（二）出借人主张的借贷事实、理由不符合常理；

（三）涉及大额资金借贷，当事人无法提供转账凭证的；

（四）出借人不能提交债权凭证，或者提交的债权凭证存在伪造的可能；

（五）当事人在一定期限内多次提起或参加民间借贷纠纷的公证、仲裁或诉讼；

（六）当事人无正当理由拒不到庭参加诉讼，委托代理人对借贷事实陈述不清或者陈述前后矛盾；

（七）当事人双方对借贷事实的发生没有争议或者诉辩不符合常理；

（八）一方当事人对于另一方当事人提出的对其不利的事实明确表示承认，且不符合常理的；

（九）借款人的配偶或者合伙人、案外人等其他人员对事实依据提出异议；

（十）当事人在其他纠纷中存在低价转让财产的情形；

（十一）认定案件事实的证据不足，但当事人之间主动迅速达成调解协议，请求人民法院制作调解书的；

（十二）当事人不正当放弃权利；

（十三）其他可能存在虚假民间借贷诉讼的情形。

二、虚假民间借贷诉讼的审查方法

第三条【检索关联案件】 在民间借贷纠纷案件的立案、审理阶段，应当通过数字法院系统或类案检索系统等平台，对案件的关联案件，或者案件当事人在其他案件中的涉诉情况进行检索和比对，以此作为判断是否存在证据冲突、事实矛盾、职业放贷人、虚假诉讼等情形的依据。检索情况应制作工作记录，在审理报告、合议笔录中予以反映。

第四条【传唤当事人本人到庭参加诉讼】 在审理民间借贷纠纷案件时，发现存在本实施细则第二条所列情形之一的，应当传唤当事人本人到庭参加诉讼、接受调查，详细陈述借贷合意的产生、款项往来及资金用途等情况，严格审查当事人之间是否存在实质性的纠纷。

第五条【依法追加案件利害关系人参加诉讼】 在审理民间借贷纠纷案件时，人民法院应当根据《中华人民共和国民事诉讼法》第五十六条的规定，根据当事人的申请或依职权通知担保物权人、保证人、中介人、实际出借人或用款人等与案件处理结果可能存在法律上利害关系的第三人参加诉讼，防范虚假诉讼行为。

第六条【主动依职权调查取证】 在审理民间借贷纠纷案件时，应当主动审查明显不符合常理的疑点，适当加大依职权调查取证力度，对当事人提出的其他线索可能影响案件事实认定的，或者当事人之间有恶意串通损害他人合法权益可能的，要依职权调查取证。

第七条【全面、客观审查证据】 在审理民间借贷纠纷案件时，人民法院要充分运用逻辑推理和日常生活经验，全面、客观地审查证据：

（一）对于当事人提交的借据、收据、欠条等债权凭证，或者金融机构的转账凭证等，应当审查证据的原件；不能提供原件，但人民法院认为该证据对查明案件基本事实有重要作用的，应当通知经办人、证人出庭作证；对于仅有借条、借据，没有转账凭证的，要详细询问付款方式；

（二）严格审查证据的形式、来源是否符合法律规定。对于单位提供的证明材料，应当审核是否加盖了单位公章，以及单位负责人和制作证明材料人员的签名或者盖章，必要时，可以要求制作证明材料的人员出庭作证。在核对证人身份时，应当严格审查证人与当事人有无利害关系。

（三）在审查证据时，应当准确理解和适用举证责任的相关规定，正确处理当事人举证责任的动态转移，防止机械适用“谁主张，谁举证”的证明规则，从证据与案件事实的关联程度、各证据之间的联系等方面依法全面审查。

第八条【注意防范涉及多方主体的虚假民间借贷诉讼】 在审理涉及多方主体的民间借贷纠纷案件时，应当根据下列不同情况，追加借贷关系之外的其他主体参加诉讼，防范虚假诉讼发生：

（一）出借人根据借款人的指示，将款项直接支付给实际收款人的，应追加借款人作为被告参加诉讼。当事人对借款合同的主体无争议，人民法院可以通知实际收款人可以作为证人参加诉讼以查明借款交付事实；借款人否认收到借款的，可以追加实际收款人为第三人参加诉讼；

（二）出借人根据实际出借人指示，将款项直接支付给借款人的，应当追加实际出借人作为原告，但实际出借人明确表示不愿意参加诉讼且放弃实体权利的除外。当事人对借款合同的主体无争议的，实际出借人可作为证人参加诉讼以查明借款交付事实；借款人否认收到借款的，可以追加实际出借人为第三人参加诉讼。

第九条【审慎确认民间借贷纠纷案件中的调解协议效力】 对于民间借贷诉讼当事人申请确认调解协议效力的，应当根据《中华人民共和国民事诉讼法》第一百九十四条、第一百九十五条的规定，不仅应审查调解协议是否损害国家利益、社会公共利益或者案外人的合法权益，还应结合案件基础事实，审查基础法律关系的真实性。

三、虚假民间借贷诉讼的处理

第十条【涉虚假民间借贷诉讼的处理】 人民法院在审理民间借贷纠纷案件时，应当询问当事人是否为虚假诉讼，并说明实施虚假诉讼行为的法律后果。当事人在人民法院询问后申请撤诉的，人民法院可以准许。

人民法院认为民间借贷案件存在虚假诉讼嫌疑，但尚未查实，当事人申请撤诉的，可以予以准许。经审理后查明确系虚假诉讼，原告申请撤诉的，应当不予准许，同时依据《中华人民共和国民事诉讼法》第一百一十二条的规定，驳回其诉讼请求，并视情节轻重予以罚款、拘留。涉嫌犯罪的，应当移送有管辖权的司法机关追究刑事责任。

诉讼参与人或者其他人恶意制造、参与虚假诉讼，人民法院应当依据《中华人民共和国民事诉讼法》第一百一十一条、第一百一十二条和第一百一十三条之规定，依法予以罚款、拘留；构成犯罪的，应当移送有管辖权的司法机关追究刑事责任。

单位恶意制造、参与虚假诉讼的，人民法院应当对该单位进行罚款，并可以对其主要负责人或者直接责任人员予以罚款、拘留；构成犯罪的，应当移送有管辖权的司法机关追究刑事责任。

第十一条【院、庭长审判监督管理】 院、庭长应充分发挥审判监督管理职责，对发现存在虚假诉讼嫌疑的民间借贷纠纷案件，应当及时提醒审判人员做好应对、查处工作，并采取查阅卷宗、旁听庭审、审核审理报告、要求合议庭在规定期限内报告案件进展和评议结果，以及提交专业法官会议、审判委员会讨论等方式对案件审理过程进行监管。

第十二条【区分虚假民间借贷诉讼与“套路贷”犯罪行为】 “套路贷”是指放贷人虚构法律关系、通过虚增借贷金额、恶意制造违约、肆意认定违约、毁匿还款证据等方式形成虚假债权债务，意图通过诉讼手段实现非法占有他人财产的行为。“套路贷”行为通常假借民间借贷等民事纠纷之名，通过诉讼等方式合法化，具有极强的隐蔽性，但其本质涉嫌违法犯罪，不属于人民法院受理民事案件的范围。

人民法院在审查民间借贷案件时，经审查当事人确为实施“套路贷”行为的，应当依照《最高人民法院关于在审理经济纠纷案件中涉及经济犯罪嫌疑若干问题的规定》《最高人民法院关于审理民间借贷案件适用法律若干问题的规定》，裁定驳回起诉，并将涉嫌犯罪的线索、材料移送公安机关；对于已按民间借贷纠纷审结的“套路贷”行为，应依法启动审判监督程序，撤销原审生效判决、裁定驳回起诉，及时将涉嫌犯罪的线索、材料移送公安机关。

四、其他

第十三条【层报】 各级人民法院在审理涉虚假民间借贷诉讼案件中发现新情况、新问题，请及时层报湖南省高级人民法院。

第十四条【解释】 本实施细则由湖南省高级人民法院审判委员会负责解释。

第十五条【施行】 本实施细则自下发之日试行。

司法实务问题研究

《执行和解规定》背景下二审和解异议处理机制的构建

顾晓威[*] 范纪强[**]

引 言

民事案件二审期间当事人签订和解协议并撤回上诉，其性质如何，履行中产生争议如何救济，不仅涉及执行程序与实体规则的交叉竞合，更与民事执行救济程序体系构造息息相关。二审和解在司法实践中的深度广度远超民事诉讼法寥寥几条关于执行和解的规定的承载力，为此，最高人民法院先后发布指导案例并制定司法解释。本文结合司法实例考察二审和解制度的有效性，以期为立法提供有益参考。

一、全景式考察：制度失灵抑或制度有效的运行现状

为解决争议，最高人民法院曾于2011年12月发布吴梅诉四川省眉山西城纸业有限公司买卖合同纠纷案（以下简称“吴梅案”）作为指导案例以供类似案件参照适用。

[*] 作者单位：江苏省南通市中级人民法院。

[**] 作者单位：江苏省南通市崇川区人民法院。

【案例一】[①]：吴梅起诉眉山西城纸业公司索要货款及利息，一审判决被告给付货款251.8万元及违约利息。被告上诉，二审间双方签订还款协议，原告放弃支付利息请求，被告撤回上诉。因被告未完全履行还款协议，吴梅申请执行一审判决。被告向眉山中院申请执行监督，主张不予执行一审判决。裁判要点：民事案件二审期间，当事人达成和解协议属诉讼外和解。一方当事人不履行的，另一方申请执行一审判决应予支持。

判后和解根据有无司法介入可分为执行和解、执行外和解，根据阶段分为二审和解及二审外和解，司法实践中存在交叉，解困二审和解必然审视现有和解制度。当前，关于判后和解我国并无统一的立法，而是散见于民事诉讼法、指导案例以及《最高人民法院关于执行和解若干问题的规定》（以下简称《执行和解规定》）中（见表1）。

表1　民事诉讼法、指导案例及《执行和解规定》中关于判后和解的相关内容

时间	名称	内容	评价
2007.10（2017年6月27日修正）	民事诉讼法第二百三十条	在执行中，双方当事人自行和解达成协议的，执行员应当将协议内容记入笔录，由双方当事人签名或盖章。申请执行人因受欺诈、胁迫与被执行人达成和解协议，或者当事人不履行和解协议的，人民法院可以根据当事人的申请，恢复对原生效法律文书的执行	对于二审和解或执行外和解没有规定

① 最高人民法院案例指导办公室：《指导案例2号〈吴梅诉四川省眉山西城纸业有限公司买卖合同纠纷案〉的理解与参照》，载《人民司法·应用》2012年第7期。

（续表）

<table>
<tr><th>时间</th><th>名称</th><th colspan="3">内 容</th><th>评 价</th></tr>
<tr><td>2011.12</td><td>“吴梅案”</td><td colspan="3">1. 关于“吴梅案”中和解协议的性质，最高人民法院明确其具有双重性质：既是具有私法行为性质的和解契约，又是一种诉讼行为
2. 民事案件二审期间，当事人达成的和解与执行和解相似，不具有强制执行力。一旦法院裁定准许撤回上诉，一审判决即为生效判决。原债务人不履行和解协议，权利人不能基于和解协议另行起诉追究违约责任，但可申请执行一审判决
3. 如和解协议已履行完毕，当事人又申请执行的，人民法院不予支持</td><td>“吴梅案”指导意义在于，其给司法实务解决诉讼外和解协议一般问题提供了指引，为诉讼外和解与生效判决的关系确立了一般规则，即类推适用民事诉讼法第二百三十条，参照适用执行和解协议的有关法律规定</td></tr>
<tr><td rowspan="4">2018.2</td><td rowspan="4">《执行和解规定》</td><td rowspan="2">执行和解</td><td>效力瑕疵</td><td>当事人、利害关系人认为执行和解协议无效或者应予撤销的，可以向执行法院提起诉讼</td><td rowspan="4">对执行和解救济体系进行重构，配置了执行异议制度，还区分了执行和解与执行外和解，将执行外和解纳入一般执行和解的运行机制</td></tr>
<tr><td>履行瑕疵</td><td>1. 被执行人一方不履行执行和解协议，申请人可申请恢复执行原生效法律文书，也可就履行执行和解协议向执行法院提起诉讼
2. 被执行人正在按照执行和解协议约定履行义务的，申请人申请恢复执行裁定的，不予恢复
3. 当事人、利害关系人认为恢复执行或者不予恢复执行违反法律规定的，可以依照民事诉讼法第二百二十五条规定提出异议</td></tr>
<tr><td rowspan="2">执行外和解</td><td>效力瑕疵</td><td rowspan="2">执行外和解协议，被执行人可依照上述法律规定提出异议</td></tr>
<tr><td>履行瑕疵</td></tr>
</table>

本文从中国裁判文书网搜索2014年至2019年近六年的执行和解及执行外和解相关案例，提取整理，在宏观上考察判后和解制度的整体运行效果。

（一）警惕“和解陷阱”：和解制度愈发式微

因和解协议而终结程序的执行案件，自2014年至2016年呈增长趋势，2017年平稳运行，但令人意外的是2018年以后呈下降趋势，此与执行案件总量不断上升形成鲜明的对比。毋庸置疑，在基本解决执行难背景下，执行终结日益规范成为主要的原因，但不可忽视的是《执行和解规定》颁布后，当事人对和解“热情”有所下降（见图1）。

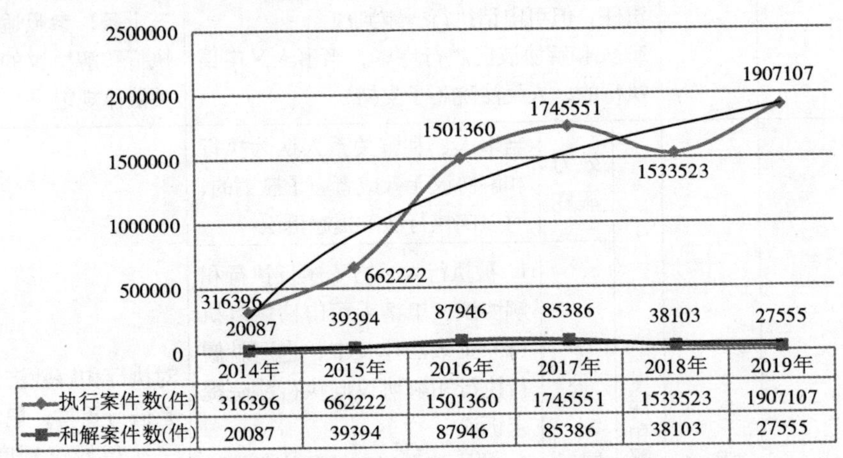

	2014年	2015年	2016年	2017年	2018年	2019年
执行案件数(件)	316396	662222	1501360	1745551	1533523	1907107
和解案件数(件)	20087	39394	87946	85386	38103	27555

图1　《执行和解规定》颁布前后判后和解案件数量走势

（二）审查效用不高：司法有无介入对异议纠纷影响不大

《执行和解规定》根据阶段不同将和解区分为执行和解和执行外和解，在当事人异议救济机制选择上作差异性规定，似乎赋予法官对和解协议审查的特殊效力，但根据法律规定，这种效力与审判阶段的民事调解确认审查制度有着本质区别，其并不会产生既判力及当然的执行力，在法解释学视角下难以自洽。而且，通过实证考察发现有无法官介入，当事人对和解协议的异议数量及异议数量与执行异议案件总数比例差别不大，同样引发对法官审查效力和区分标准的质疑（见表2）。

表2　执行和解与执行外和解异议案件数量及比重

年度	执行异议总件数（件）	执行外和解异议数（件）	执行和解异议数（件）	执行外和解异议占比	执行和解异议占比
2014	20084	87	71	0.43%	0.35%
2015	35702	107	106	0.30%	0.30%
2016	67663	305	306	0.45%	0.45%
2017	116591	546	511	0.47%	0.44%
2018	150351	659	814	0.44%	0.54%
2019	148658	749	875	0.50%	0.59%

（三）结果认同危机：债务人对和解异议复议及监督率高位运行

执行异议成为和解异议救济的主要路径，对异议不服可以申请复议或申请执行监督。2014 年至 2019 年，和解复议率最低的为 2017 年的 39.36%，和解监督率最低的为 2016 年的 4.58%。《执行和解规定》颁布后，和解复议率上升为 56.53%（见图 2、图 3）。由此可见，当事人对于异议审查机制不够满意。

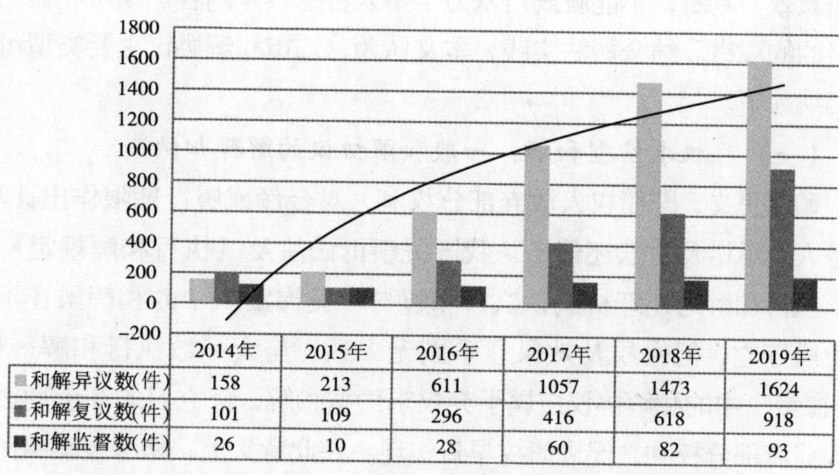

图2　因和解协议引发的执行异议、复议、监督数量

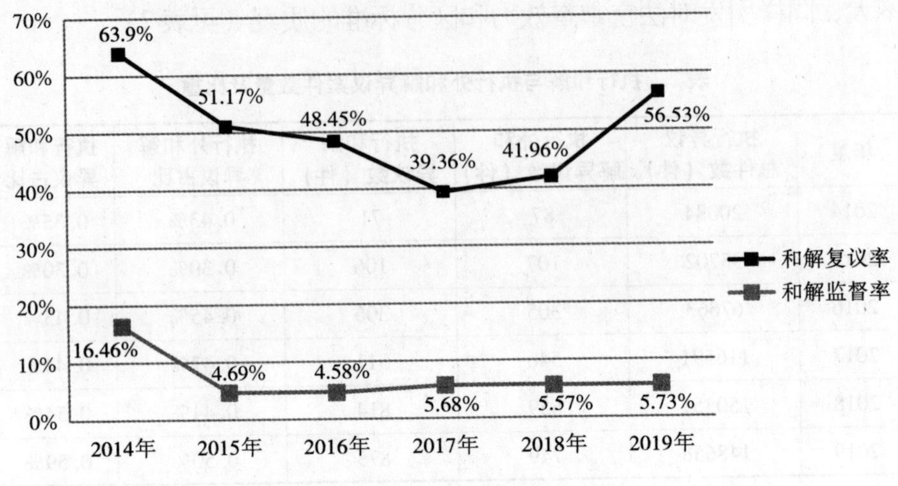

图 3　和解异议率及和解复议率

二、类型下检验：制度单一性标准与和解协议多元机理的实践背离

通过对司法运行的宏观考察，揭示出制度运行的整体效果与预期仍有差距，检验制度的有效性还需结合司法实例微观求证。二审和解协议性质及效力判断，不能脱离对双方当事人合意具体内容、期待利益、订约目的的观察。结合司法实践，本文认为，二审和解协议主要类型可概括归纳如下。

（一）弃权求偿型和解：一般和解协议的解释归纳

顾名思义，即债权人放弃部分权利，对金额或履行期限作出让步，债务人则承诺及时偿还债务。我国民事诉讼法及《执行和解规定》明确了执行和解的处理机制，执行和解与“吴梅案”中的和解虽在不同的阶段订立，但性质及效果几乎别无二致。与大多数执行和解一样，“吴梅案”中的和解协议应属于弃权求偿型和解，订立目的在于通过债权人让渡部分权利，促进债权早日实现。在此意义上，私法方案中作出让步的原告应属于单纯债权人，即已经为给付尚未取得对待给付或尚未取得全部对待给付的债权人，[①] 学理上也称之为限制性和解。指导案例将类似“吴梅案”的判后和解拓展类推适用执行和解，无疑采纳了通说主张，理顺了私法方案与公法方案的竞合问题。根据现行规则，在一审判决生效具有执行力的情况下，法律仍鼓励当事人协商进行私法自治，在实体上满足当事人协议目的，在程序处理上，通过更加简便的执行来实现单纯债权人救济，由此而言，私法方案应优于此前的公法方案。

弃权求偿型和解中，债务人履行债务系和解协议的主要义务，债权人之所以自愿让渡部分权利，目的是促使债务人积极履行义务，提高实现债权的确定性，这与司法实践中大部分执行和解较为相似。据统计，《执行和解规定》颁布后N市C区法院2018年6月至2019年3月，和解结案案件390件，分期履行型和解共计75件，占比19.2%；放弃部分标的型和解为93件，占比23.9%；分期同时放弃部分标的型和解共213件，占比54.6%；其他型和解为9件，占比2.3%（见图4）。通过数据可以直观看出，弃权求偿型和解（包括分期履行型和解、放弃部分标的型和解及分期同时放弃部分标的型和解）总占比97.7%，可见弃权求偿型和解在司法实践中具有常态性和普遍性。

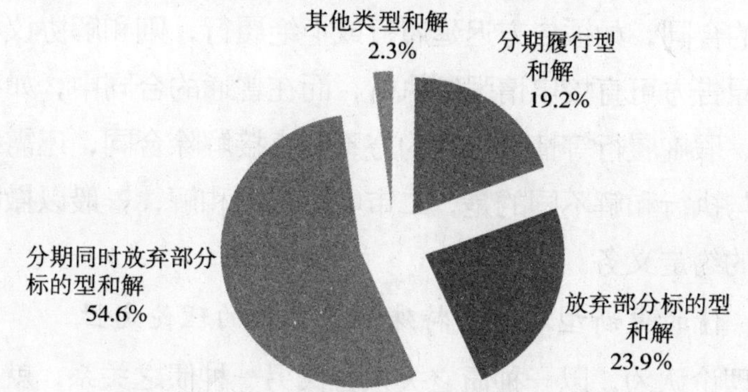

图4 《执行和解规定》颁布后N市C区法院2018年6月至2019年3月不同和解类型占比

① 隋彭生：《诉讼外和解协议的生效与解除——对最高人民法院〈指导案例2号〉的实体法解释》，载《中国政法大学学报》2012年第4期。

弃权求偿型和解虽在既判力基准时以后对权利及义务进行了自行调整让步，但本质上并不属于对双方主要权利义务的更新。我国司法已将该类型和解明确为具有公、私双重性质。究其背后的法理，笔者认为，执行力替代说是解析和解协议与生效判决关系的重要理论依据。该说主张，面对公、私方案矛盾时，有必要回到当事人在诉讼外签订和解协议的目的和性质这个基本层面上进行考量，原生效判决已在二审中通过和解协议的履行而得到了替代履行，原审判决的执行力归于消灭。① 弃权求偿型和解与执行和解一样，在承认一审判决既判力的前提下，其具备的程序效力是暂时冻结一审判决的执行力，即约束不为强制执行或在一定期限前不为强制执行的效力，符合不执行契约的效力特征。此种解决方法既避免了不分原因地执行一审判决导致守约人权利损害和违约人不当诉讼行为的得逞，也避免了直接执行二审中和解协议缺乏法律依据，从而尊重和保障了当事人诚信履约。②

另外，从单独考察私法方案的角度来讲，弃权求偿型和解中原告作为单纯的权利让步方，与普通的协议不同，原告理应获得更便捷的权利救济，由此而言，该类和解协议可理解为附条件生效合同或原告享有单方解除权的合同，如被告方迟延履行或拒绝履行，则和解协议不发生法律效力，原告方可直接申请强制执行，而在普通的合同中，如存在一方迟延履行、瑕疵履行等情形，守约方不能直接解除合同，还需经过催告等程序。与执行和解不同的是，二审中达成的和解，一般以撤回上诉作为债务人的约定义务。

（二）债的更新型和解：特殊和解协议的理论定性

民法理论认为，以一种债之关系替代另一种债之关系，就是债的更

---

① 王亚新：《一审判决效力与二审中的诉讼外和解协议——最高人民法院公布的 2 号指导案例评析》，载《法学研究》2012 年第 4 期。

② 晏芳：《二审和解协议与一审生效判决的效力冲突问题研究——最高人民法院 2 号指导案例的拓展思考》，载《法律适用》2014 年第 12 期。

新，亦称债的更改。具体而言，债的更新即当事人以变更债的要素，成立新的债权债务关系、消灭旧的债权债务关系为目的的契约。[①] 如当事人在知晓法院已就其民事法律关系作出判决的情况下，仍协商并达成内容与判决相互冲突、相互竞合的协议，那么，其目的就是要置判决方案于一旁，用自己的方案代替判决方案。[②] 根据债法理论，债的更新与债的清偿、免除、抵销、消灭时效、提存等法律事实一样，是债的消灭原因之一。

这里的债的更新，与前文提及的弃权求偿型和解显然具有一定的共通性，根本区别在于新债之于旧债已经发生实质性改变，虽与旧债有所竞合，但当事人彻底改变了旧债所确立的债权债务，有可能增设了权利，也有可能设定了新的义务。

【案例二】甲与乙租赁合同纠纷一案，法院判决：1. 解除双方租赁合同；2. 乙于判决后三十日腾空交付房屋；3. 乙向甲支付拖欠的租金5000元；4. 乙向甲支付至实际返还房屋之日止按每月5000元计算的租金损失。乙不服一审提起上诉，二审期间，双方达成和解协议：1. 租赁合同继续履行，租金调整到每月6000元；2. 甲免除乙的5000元租金债务；3. 因乙继续承租房屋，为经营所需进行装修升级改造，甲必须于十日内为出租房安装空调6台，否则，乙有权解除协议。

【案例三】丙与丁买卖合同纠纷一案，法院判决如下：丁于判决十日内支付丙货款10万元。二审期间，双方达成如下协议：1. 双方将拖欠的货款调整为5万元，同时，丁应退还部分货物；2. 如丁未按约支付货款，则丙有权申请强制执行或另行起诉。双方在履行和解协议时，丙反悔，申请强制执行。

与"吴梅案"相比，上述当事人双方的权利、义务均发生实质性改变，当事人甚至约定双重权利救济选择路径，即由债权人在"替代"

① 郑玉波：《民法债编总论》，中国政法大学出版社2004年版，第525页。
② 郑金玉：《和解协议与生效判决之债法原理分析》，载《比较法研究》2015年第4期。

与“执行”之间予以选择。和解协议内容的丰富性决定了更可能出现双方当事人对协议内容理解存在分歧导致和解履行障碍，抑或债务履行瑕疵产生不安抗辩、同时履行抗辩、瑕疵违约等争执。

根据债的更新理论，判后和解合法有效，法院应原则性承认协议新债替代判决旧债的法律效果，当事人非因协议无效、撤销、解除等法定情形不得脱离协议新债的约束。在此情形下的异议程序处理上，债的更新型和解与弃权求偿型和解似乎并无二致，均要以私法方案的执行替代为优先依据，但除此之外，当事人在瑕疵履行的实体权利救济上能否就和解协议提起诉讼等方面必然存在差异。《执行和解规定》仅允许执行和解中债权人起诉，对执行外和解双方及执行和解中债务人的诉权持否定态度。

事实上，司法实践对债的更新理论进行了肯定。在通州建总集团有限公司与内蒙古兴华房地产有限责任公司建设工程施工合同纠纷一案中，最高人民法院认为，以物抵债协议可能构成债的更改即成立新债务同时消灭旧债务，也有可能属于新债清偿与旧债共存。基于保护债权的理念，债的更改一般需有当事人明确消灭旧债的合意。①

（三）纯私契约型和解：与一审判决相牵连的实务识辨

实践中也存在部分二审和解协议虽与一审判决所确定的权利义务相牵连，但协议内容与一审判决并不存在冲突，只是在一审判决以外增设了新的权利义务，可称之为纯契约型和解。

【案例四】② 汤某、李某曾因与包某房屋所有权确认纠纷提起诉讼，人民法院作出民事判决：1. 案涉房屋所有权属包某所有；2. 汤某、李某于三十日内协助包某办理上述房屋所有权变更登记手续。汤某、李某

① 详见（2016）最高法民终484号民事判决书，载《最高人民法院公报案例》2017年第9期。

② 详见（2013）崇港民初字第389号民事判决书，载国家法官学院、中国人民大学法学院编：《中国审判案例要览》（2015年民事审判案例卷），中国人民大学出版社2017年版。

不服，提起上诉。二审期间，汤某、李某与包某达成和解协议：1. 汤某、李某撤回上诉，双方均按一审判决执行，诉讼费各自承担；2. 包某在2013年5月1日前再净补偿汤某、李某3.1万元，如包某未能按约履行，则支付2万元违约金。和解协议签订后，汤某、李某撤回了上诉。2013年4月17日，包某以汤某、李某未履行上述一审民事判决书为由，申请强制执行，领取了案涉房屋的所有权证书。后两原告认为，和解协议订立后，两原告依约撤回了上诉，并按一审判决履行了自己的义务，然而被告违约。要求被告给付两原告补偿款3.1万元、支付违约金2万元。

如案例四所涉，双方当事人在一审判决确定的权利之外，又设定了新的权利义务，执行一审判决成为和解协议的约定内容，与和解协议的履行不存在冲突。本案协议系在二审过程中由当事人自行达成并约定撤回上诉，表征上具有一定的“迷惑性”，能否参照适用《执行和解规定》，还要仔细辨别二者之差异。

（四）小结：制度选择性失灵

指导案例最大的贡献是将二审和解与执行和解进行统一，《执行和解规定》依是否由执行法官介入作出不同异议机制区分。从司法实务来看，单一化标准及差异性规定，均缺乏对司法背后实体法理论的类型化关注，必然导致难以适应复杂多变的司法实践，不能从根本上解决公法方案与私法方案的效力冲突及竞合问题。

三、延伸性分析：自身机制的一种内在限度

当前判后和解制度安排上表达了简洁化处理的内在诉求，但在对当事人实体的利益保障上存在先天漏洞。消解自身机制的内在限度，不仅需纵向上探寻政策演变与实践运行，也要以横向视角考察域外制度。

（一）“隧道视野”：制度的工具理性越位

“隧道视野”原为患者视力受损的医学现象，制度学上指选择性集中于制度的某一工具理性目标而不考虑其他价值理性目标的一种倾向。① 工具理性的膨胀会导致与价值理性的冲突，在和解异议救济机制领域中，以德、日、我国台湾地区为代表的法域，对于二审中达成的和解协议，虽未进行系统阐述，但基本上是从债务人的角度出发，赋予债务人在强制执行中提起异议之诉的救济途径，并在异议之诉的目的、诉讼请求、当事人、异议事由、管辖法院等方面作了相对明确的规定（见表3）。

表3　德国、日本及我国台湾地区和解相关规定比较

区域	制　　度	具体规定
德国	执行前和解协议可引发强制执行程序停止或受限	民事诉讼法第775条
	债务人对原判请求权存异议，可以以执行前和解协议向一审法院提起债务人异议之诉	民事诉讼法第767条
	异议事由可以是多个，但需一并提出	
	债务人异议之诉的审理，可不经言词辩论	民事诉讼法第769条
日本	对执行程序的效果：停止执行	民事执行法第39条
	停止执行的期限只限于四周，不得超过两次，总共不得超过六个月	
	债务人异议之诉的目的是变更或消灭执行力，由一审受诉法院管辖	民事执行法第35条

① 转引自陈梦群：《我国专利侵权损害赔偿制度的司法实践考察——以制度的有效性为分析框架》，载贺荣主编：《司法体制改革与民商事法律适用问题研究——全国法院第26届学术讨论会论文集》，人民法院出版社2015年版。

（续表）

区域	制　度	具体规定
我国台湾地区	无论是执行前还是执行后，有消灭妨碍债权请求事由发生的，债务人在强制执行程序终结前，可向执行法院提起债务人异议之诉	“强制执行法”第14条
	债务人对债权人请求权的全部或部分可以提起异议之诉的请求	“民事诉讼法”

制度理应鼓励当事人自行协商达成协议，从实体规范角度满足当事人协议目的，遵循私法自治的倡导理念，引导社会民众遵守有约必守的诚信风尚，大陆法系国家及地区和解异议救济采取抗辩模式，即以执行债权相对于和解债权具有优先性为前提，虽赋予债务人实体审理的程序性权利，但忽视了当事人的实体权益的保障。

我国当前立法采取了混合模式，即赋予执行和解债权人程序选择权，对于债务人仅提供异议审查的程序权利。可见，债权人中心主义的价值取向仍系我国当前立法的基础。但这不能成为阻却债务人实体救济即异议之诉构建的理由。

（二）目标追求：制度的自身缺陷凸显

《执行和解规定》在“基本解决执行难”的背景下发布，和解异议机制的目的在于快速解决争端，高效保障债权人的合法权益。但如果过于追求功利目标则很容易导致程序分配失衡，引发旧判与新判的冲突与竞合，甚至在实体上债权人自身的权益也得不到最有效的保障，主要体现在以下方面。

一是程序利益分配失衡。债务人不履行执行和解协议，债权人可以另诉或申请执行，而债权人不履行和解协议的，债务人的程序救济却仅为提起执行异议。

二是债权人选择权失当。执行和解中赋予申请执行人另诉或恢复执行的程序选择权。对于弃权求偿性和解，允许另诉，意味着法院还需将已经生效判决确认的法律关系再重新审理，对司法的稳定性、权威性产生不良影响。

三是审查路径存在冲突。执行和解中的效力性审查是通过另诉进行实体审理，而瑕疵履行的判断却归类于审查性裁决，执行外和解两者又统一归类异议审查，这难以符合法解释学的内在逻辑。

四是当事人实体救济未全方位保障。《执行和解规定》肯定当事人可以自愿协商达成和解协议，依法变更生效法律文书确定的权利义务主体、履行标的、期限、地点和方式等内容，赋予了私法方案优先性，但是在法条设计上对于当事人的实体救济未予全方位保障。

（三）供给偏差：制度的司法实践单一

无论是域外规定重视当事人程序权利的保障，还是《执行和解规定》制度设计体现对当事人私法自治的尊重与保护，均具积极意义。但两者存在共同缺点即划分标准单一，在解决实务中普遍的限制性和解时尚能发挥效用，但无法处理更为复杂的司法实践。无论是二审和解还是执行和解都是既判力基准时后达成的调解，根据我国现行立法，执行法官有无审查介入并无质的区别，在法院执行机构实质审查权及相关地位未明确的情况下，作出差异性区分缺乏理论支撑。

四、体系化构建：二审和解异议处理机制的实践架构

制度的构建应建立在对司法运行规律总结的基础之上，和解债权与执行债权之间的关系安排不仅构成执行权与处分权的制衡点，也决定着和解协议法律属性解释路径的区别。① 二审和解协议的性质及效力不可一概而论，静态上存在弃权求偿型和解、债的更新型和解及纯私契约型和解三种类型，在动态关系方面，和解协议履行过程中当事人反悔必然需要和解异议的差异性处理。

① 肖建国、黄忠顺：《执行和解协议的类型化区分》，载《法律适用》2014年第5期。

（一）"诉"之阻断——弃权求偿型和解协议产生争议的救济路径

1. 正向保留：债务人违反和解协议约定，债权人向法院申请强制执行的，债务人可以向法院提出执行异议

在弃权求偿型和解中，债权人作出重大的让步，在此基础上如不能更好地维护其合法权益，则存在变相鼓励债务人利用和解协议规避义务、为执行设置障碍之嫌疑。

弃权求偿型和解中债权人作为单纯债权人，和解协议更多体现债权人对于债权金额或期限等方面的单方让步，债务人是否按约履行，对于执行机关而言非常容易判断，如允许债务人另行起诉，则可能面临审理周期过长，与高效便捷的执行原则不符，权利人的合法权利不能及时得以保护等问题。诚然，执行机关会依法对债务人是否按约履行进行审查，但此时的审查并不能理解为完全的实体性审查，审查的内容一般也仅限于金额多少、有无迟延等常识性判断，与司法实践中执行员审查民事调解书权利义务内容有无成就别无二致，本质上均属于执行要件的审查。参照《执行和解规定》，债务人可通过执行异议寻求救济，此时，执行异议替代处理体现了执行力的扩张，具有可取之处。

2. 反向否定：债务人违反和解协议约定，申请人可向法院申请强制执行，不得另行提起诉讼

参照《执行和解规定》，对于债务人不履行二审和解协议，债权人既可以另行起诉也可申请执行，表面上兼顾了一审生效判决的权威性和当事人意思自治，由于和解协议是在既判力基准时之后所达成，将其作为纯私协议另诉，似乎既不突破既判力，与一事不再理原则亦不相冲突。但实际运用中会导致前后两个判决执行力所指向的给付内容存在冲突和重叠，司法的可预测性与权威性将不复存在，也极大浪费了司法资源。

另外，该种规定看似更加保障债权人利益，但实际操作中可能使债

权人利益受损，因为债权人另诉所花费的时间成本大大增加，债权人另诉除主张固有债权实现外，很可能要求债务人赔偿逾期付款损失，在当事人未有约定的情形下，法院很可能参照金融借款利息予以酌定，而如其申请恢复执行则可依法请求支付迟延履行金。因此，实践中债权人选择另诉必然导致效率与公正的双重受阻。

3. 理论基点

对于债务人不履行弃权求偿型和解协议的，债权人的救济途径系申请强制执行，法律应阻断其另行起诉的权利，究其背后的法理，本文赞同将其解释为债权人行使和解协议的“单方解除权”。[①]

（二）“诉”之过滤——执行异议前置债务人异议之诉的本土化改良

1. 债务人终局救济路径：债务人异议之诉

如债务人以存在和解协议为由提出异议，法院应审查是否确实存在和解协议，以及既判力基准时后达成的和解协议的履行情况，但审查应通过正当程序进行。类似的异议在实务中并不罕见，特别是在债的更新型和解中更为普遍和复杂，因为此类和解协议系对权利义务的重新安排，协议内容复杂丰富，更有可能导致双方产生争议。这种异议的特殊性在于，它并非认为执行行为违反了执行程序规范，即非程序性异议，而是实体性异议；它又不同于同样作为实体性异议的案外人异议。考虑到它是实体性异议，执行机关无权审查债权是否发生了变动，所以，也应如对待案外人异议那样，允许债务人以诉的形式提出异议。

大陆法系设置债务人异议之诉作为被告和解异议审查的正当程序，与执行异议、案外人异议之诉并列为三大救济手段。回归现状，我国虽将和解争议纳入执行异议的审查范畴，但事实上执行异议程序与债务人异议之诉程序相去甚远。传统民事诉讼理论认为，瑕疵执行有违法执行

---

① 贺剑：《诉讼外和解的实体法基础——评最高人民法院指导案例2号》，载《法学》2013年第3期。

和不当执行之分。前者主要指违反程序法的执行，如不符合程序法的司法拘留等。后者是指虽符合程序法，但缺乏实体权利基础的执行。前者主要通过异议复议程序加以纠正。对后者则可提起案外人异议之诉或债务人异议之诉。[①]

弃权求偿型和解中债务人以和解协议争议为由，请求排除判决执行力的，执行异议暂容债务人执行异议之诉，尚可成为解决争议的“法内之选”。然而，债务更新型和解的权利义务复杂多变，对该异议审查常涉及实体判断，无论是执行监督程序还是执行异议程序处理此类争议均有失妥当。通过前文实证考察，也可发现部分当事人对当前异议审查机制存在质疑。所以，部分异议案件，执行异议程序虽可替代债务人异议之诉，但终究是权宜之计，长期而言我国还是应建立债务人异议之诉制度。

2. 当前妥当的程序设计：债务人异议前置

无论是执行外和解还是执行和解的实体争议，均不能以“审查性裁决”代替“审理性裁决”[②]。当前阶段下，维护双方当事人的合法权益固然是程序选择的重中之重，但同时也要兼顾我国当前阶段面临的执行难困境，社会诚信有待提升，执行效率仍不很理想等现实问题。结合我国司法实践及立法现状，执行异议前置于执行异议之诉的立法模式，即执行法官享有实体事项的初步裁决权模式具有程序的正当性。[③] 主要理由有以下几点。

一是程序设计具备现实基础与法律空间。同为纠正不当执行行为的案外人执行异议之诉制度需前置案外人执行异议，那么债务人异议救济前置于债务人异议之诉在逻辑上也比较顺畅。在现有的执行救济框架下，为实现中止执行与诉讼保障的有机结合，采取执行异议前置与债务

① 骆永家：《违法执行与不当执行之损害赔偿》，载《台大法学论丛》1978 年第 2 期。

② 马登科等：《案外人救济制度研究》，法律出版社 2016 年版，第 134 ~ 137 页。

③ 赵泽君：《债务人异议之诉立法模式的分歧与选择》，载《学习论坛》2018 年第 9 期。

人异议之诉后置不失为妥当安排。再者，自案外人执行异议制度运行以来，并未出现大的问题。制度细化方面，可将此类债务人执行异议交由执行裁决部门审查。

二是程序设计具有制度优势。执行异议前置于债务人异议之诉的立法模式能够避免执行程序与诉讼程序衔接不畅的问题。基于执行程序效率价值的追求，针对债务人的此种诉权限制具有正当性与合理性，因为，一方面，大量纠纷案件经执行异议程序过滤，可提升执行效率；另一方面，从债务人执行异议到债务人执行异议之诉，当事人实体权利纠纷的终局解决程序还是审判程序，即审理性裁决而非审查性裁决。

（三）"诉"外之诉——当事人能否就和解协议直接起诉或就审查过的和解协议再次提起诉讼

经过债务人异议之诉程序审查处理过的和解协议，当事人能否就其本身的实体性争议再次提起诉讼？如前所述，弃权求偿性和解债权人的救济途径系申请强制执行，不宜另诉。

对于债务更新型和解，这在设有债务人异议之诉程序的国家或地区也存有争议。通说认为，债务人异议之诉为形成诉讼，法院判决既判力仅及于异议之诉的标的，即及于异议权，对于当事人间实体法律关系或请求权并无既判力。[①] 我国台湾地区明确规定，执行前和解协议这一不执行契约仅能作为债务人异议之诉事由，对于协议本身能否另诉则持否定态度。[②]

案例二中，如在和解协议履行过程中，甲反悔申请强制执行，乙当然可以通过异议程序实现救济。但异议救济后，甲既不申请强制执行又不履行和解协议中安装空调的义务，乙该如何寻求救济呢？此类实体问题无法通过异议程序充分审理，当事人之间就和解协议本身发生的实体争议应该允许另行起诉。虽然在当事人就和解协议提起的新的诉讼中，

① 赖来焜：《强制执行法总论》，我国台湾地区元照出版公司2007年版，第628~630页。

② 张登科：《强制执行法》，我国台湾地区三民书局股份有限公司1998年版，第66页。

审判者面对的不再是单纯的协议之债争议问题，协议之债与判决之债的矛盾，债务人异议之诉防御性司法功能需同时解决。[①] 法院若认为和解协议合法有效，原判决未履行（执行）的，应裁判和解协议约定的债之关系成立，判决之债已为当事人协议之债替代而消灭。[②] 当事人可基于协议本身主张的其他诉讼请求，一并予以处理。

在债的更新型和解中，如双方当事人较为明确地约定，旧债已被新债替代，和解协议虽不能推翻既判力也不能被既判力所覆盖，没有直接的程序效力冻结或限制判决的执行力，但法院可以应债务人的请求判决排除原判决的执行力，消除执行名义与权利实际状况的背离的困境。所以，该类和解协议履行过程中如原债务人违约，债权人可以直接另行起诉。

（四）“诉”之并行——纯私契约型和解符合双务合同的法律特征具有可诉性

根据民事法律规定，民事主体有权根据法律规定实施一定的法律行为，可根据自己的意思设立、变更、消灭民事权利义务关系。纯私契约型和解协议的实体内容及订立场景，虽与诉讼行为及一审判决有一定的牵连，但与一审判决不相冲突，一审判决进入强制执行程序，不能排斥纯私契约型和解协议的可诉性，应视为双方经协商设立了有关民事权利义务的新合同。双方当事人因该协议的履行产生的争议，人民法院应当受理，并应根据合同规则作出实体裁判。

---

① 金印：《论债务人异议之诉的必要性——以防御性司法保护的特别功能为中心》，载《法学》2019 年第 7 期。

② 郑金玉：《和解协议与生效判决之债法原理分析》，载《比较法研究》2015 年第 4 期。

新类型疑难案例选评

刘某远诉张某川等追偿权纠纷案*

姚坤林**　郝绍彬***

【裁判要旨】

刑事判决确定的退赔，其本质为民事侵权的赔偿义务。部分共同犯罪人退赔被害人全部损失后，共同犯罪人内部的责任分担问题未被刑法所禁止，理应纳入民事追偿范围。为降低社会危害性，指引和鼓励犯罪人积极赔偿，在犯罪人非以违法收入而以合法财产履行退赔义务后，法院应当允许其向共犯追偿。

【基本案情】

裁判文书

原告：刘某远。

被告（再审申请人）：张某川。

被告：姚某。

张某川系重庆凌多房地产开发有限公司法定代表人，姚某系该公司

* 一审案号：（2017）渝0113民初1454号；再审案号：（2018）渝0113民再2号。

** 作者单位：重庆市巴南区人民法院。

*** 作者单位：重庆市第五中级人民法院。

工作人员，刘某远系中国农业银行重庆长寿区云台支行的综合柜员。张某川与刘某远因有业务接触而认识。2009 年 11 月底至 12 月初，为还清公司债务，张某川携员工姚某与刘某远同谋，以偷开信用卡附卡的方式诈骗案外人赵某、李某存款共计 400 万元。刘某远分得好处费 20 万元，余款全部被张某川用于偿还欠款和利息。2010 年 1 月 29 日，中国农业银行查账中发现此事，遂向重庆市长寿区公安分局报案，三人随后被抓获。

2010 年 2 月 1 日，刘某远从其厂房拆迁款中支付 400 万元赔付给案外人赵某、李某，张某川未主动退赔。侦办中，长寿区公安分局将从张某川处扣押的涉案款 1182704 元及利息 870 元，依法退还给了刘某远。

2010 年 12 月 8 日，重庆市第一中级人民法院判决三人犯信用卡诈骗罪，判处张某川有期徒刑十四年，剥夺政治权利四年，并处罚金 30 万元；刘某远因积极退赔 400 万元，酌情从轻判处有期徒刑十一年，剥夺政治权利一年，并处罚金 20 万元；姚某系从犯，判处有期徒刑五年，并处罚金 2 万元。判决后三被告人均提起上诉。2011 年 6 月，重庆市高级人民法院二审维持原判。

2017 年 1 月 4 日，服刑中的刘某远向重庆市巴南区人民法院提起民事诉讼，要求判令二被告立即返还原告垫付的款项 380 万元。

【审理结果】

重庆市巴南区人民法院一审认为，民法通则第九十三条规定：没有法定的或者约定的义务，为避免他人利益受损失进行管理或者服务的，有权要求受益人偿付由此而支付的必要费用；《最高人民法院关于贯彻执行〈中华人民共和国民法通则〉若干问题的意见（试行）》（以下简称《民通意见》）第 132 条规定：民法通则第九十三条规定的管理人或者服务人可以要求受益人偿付的必要费用，包括在管理或者服务活动中直接支出的费用，以及在该活动中受到的实际损失。本案中，刘某远为减少受害人损失共支付 400 万元，扣除其犯罪所得 20 万元及公安机关退还的从张某川处扣得的案款 1182704 元、利息 870 元，尚余 2616426 元。张某川在信用卡诈骗犯罪活动中，将所得的 380 万元款项用于消费及支付高额利息，380 万元本应由张某川退还给受害人，故对刘某远要求张某川退还 2616426 元的诉讼请求予以支持。同理，被告姚某并未因犯罪活动获得利益，故不予支持原告要求姚某赔偿的诉求。综上，重庆市巴南区法院依照民法通则第九十三条、《民通意见》第 132 条，于 2017 年 5 月 22 日作出该院（2017）渝 0113 民初 1454 号一审判决：被告张某川于本判决生效之日起十五日内给付原告刘某远 2616426 元。判决后，双方当事人均没有上诉。

一审判决生效后，张某川提起再审称：1. 原、被告之间缺乏无因管理事实；2. 退赃不均而发生的追偿权纠纷不属于民事合法债务；3. 被告因服刑未能参加诉讼，一审剥夺其诉讼权利。重庆市巴南区人民法院再审本案。

再审中，张某川书面表示接受原判，自愿撤回再审申请。对此，重庆市巴南区人民法院经审委会讨论认为，依照《最高人民法院关于刑事附带民事诉讼范围问题的规定》（法释〔2000〕47 号，已废止）第一条“因人身权利受到犯罪侵犯而遭受物质损失或者财物被犯罪分子毁坏而遭受物质损失的，可以提起附带民事诉讼。对于被害人因犯罪行为遭受精神损失而提起附带民事诉讼的，人民法院不予受理”，第五条“犯罪分子非法占有、处置被害人财产而使其遭受物质损失的，人民法院应当依法予以追缴或者责令退赔。被追缴、退赔的情况，人民法院可以作为量刑情节予以考虑。经过追缴或者退赔仍不能弥补损失，被害人向人民法院民事审判庭另行提起民事诉讼的，人民法院可以受理”的规定，刑事判决确定的退赔义务，其本质为民事侵权的赔偿义务，部分共同犯罪人退赔被害人的全部损失后，共同犯罪人内部的责任分担问题未被刑法禁止，应属民法调整范围，本案可以作为民事案件受理。结合再审中张某川撤回再审申请，明确表示接受原审判决结果，故重庆市巴南区人民法院依照民事诉讼法第二百零七条、《最高人民法院关于适用〈中华人民共和国民事诉讼法〉的解释》第四百零七条第一款的规定，再审判决维持原判。

［评析］

刑事退赔后共犯间可行使民事追偿权

关于如何定性和处理本案中刘某远提出的追偿请求，实务中存在四种不同意见。

第一种意见认为，应当裁定驳回刘某远起诉。本案系因共同犯罪后的退赔而产生，而退赔属刑事责任，且不属于刑事附带民事赔偿范围，由刑法调整而非民法，故刘某远无诉权，应裁定驳回刘某远起诉。

第二种意见认为，应当判决驳回刘某远诉讼请求。不法社会关系和利益不受法律保护，退赃金额的差异不能在共犯之间形成合法的民事权利义务关系，刘某远的追偿权不受法律保护，刘某远有诉权但应判决驳回。

第三种意见认为，刘某远超额退赔已经获得刑事从轻，不应支持民事追偿。刘某远主动超犯罪所得退赃，是为了从轻量刑，在其获得从轻量刑后又向同案犯追回退赔款，会造成犯罪人利用退赔逃避相对较重刑罚，再通过民事追偿弥补损失的量刑不公，故不应支持。

第四种意见认为，刑事退赔后共犯间可行使民事追偿权。刘某远以合法财产对外赔偿受害人，应得到法律的平等保护。同案犯张某川因刘某远退赔获得对外消除债务的利益并无合法依据，理当将该利益返还，故刘某远的追偿请求应得到支持。

笔者同意第四种意见，主要理由如下。

一、退赔后的追偿纠纷纳入民事案件受理于法有据

退赔是指由罪犯向受害人退还或者赔偿非法取得财物的一种刑事责任，与刑罚一并判处。刑法第六十四条规定“犯罪分子违法所得的一切财物，应当予以追缴或者责令退赔”。

刑事法律明确禁止受害人因退赔问题提起刑事附带民事诉讼。《最高人民法院关于适用〈中华人民共和国刑事诉讼法〉的解释》（法释〔2012〕21号）（以下简称《刑诉法解释》）第一百三十九条规定：“被告人非法占有、处置被害人财产的，应当依法予以追缴或者责令退赔。被害人提起附带民事诉讼的，人民法院不予受理。追缴、退赔的情况，可以作为量刑情节考虑。”故罪犯与受害人之间的退赔问题确由刑法直接调整而被排除在刑事附带民事诉讼范围之外，但本案纠纷并非罪犯与受害人之间的退赔问题。

退赔义务主体为犯罪行为的直接实施者，共同犯罪人的对外退赔行为具有连带特性。本案中，信用卡诈骗罪中犯罪行为的直接实施者与赃物的持有者均为退赔义务的主体，即共同犯罪各犯罪人应对全案负责。共同犯罪是一个整体行为，任何一个犯罪分子的行为对犯罪客体的损害都起到了一定的作用，犯罪分子相互之间是密切配合的关系，因此被害人没有区分罪犯间退赔份额的必要，可向任意犯罪人要求全额退赔。实践工作中，基于效率考虑，司法机关的工作重点往往在于共同赔多少，而非各自应赔多少。这一实务工作的效率性追求并不能否认退赔责任内部分担的必要性。当退赔义务对外履行完毕后，不可避免地会在共犯之间出现民事利益再平衡问题而产生追偿纠纷。刑法对此类纠纷未作明确规定或者限制，而这才是本案需要处理的争议问题。

刑事判决处理共同犯罪人对外向受害人承担连带赔偿的退赔问题，却未处理共同犯罪人内部的赔偿义务分配问题。刑事判决既然只处理退赔的对外刑事责任，那么刑事退赔后共犯间的追偿问题，就是与刑事责任承担无关的纯粹民事责任问题。退赔可以认为是共同侵权人应对受害人承担的财产连带赔偿责任，共同侵权人中一人退赔了受害人全部损失，对外债务的消灭使全体同案犯获利，因而向其他共同侵权人主张权益，这是发生在平等主体之间的财产关系，属于法院民事案件受理的范围。现对外履行义务的共同债务人提起追偿权诉讼，其主体适格，起诉符合民事诉讼法第一百一十九条规定的法定条件，且并非该法第一百二十四条规定的法定不予受理情形。在刑法不处理，而民事法律又未禁止的情况下，法院应当以民事案件受理。第一种意见以退赔是一种刑事责任为由不受理内部追偿纠纷，混淆了退赔对内、对外的不同法律关系，忽略了受害人、追偿权人不同的权利救济需要。

二、刑事受害人得到救济后内部追偿可由民法视角评判

虽然刑事审判和民事审判都有保护人民的共同任务，但在审判侧重点上，刑事审判以追究、惩罚犯罪为主要手段，而民事审判则以探求当事人之间民事法律关系为常用方法。尽管公法总有侵入私法的“冲动”，但私法还是应当尽量维持自身的领地，体现在侵权责任法第四条：“侵权人因同一行为应当承担行政责任或者刑事责任的，不影响依法承担侵权责任。因同一行为应当承担侵权责任和行政责任、刑事责任，侵权人的财产不足以支付的，先承担侵权责任。”这一规定不仅将侵权责任的评判划入了民事法律的“领地”，还将民事赔偿义务的履行放在最优位置，体现以民法视角优先评判侵权责任的立法安排。

从民法视角看，追偿权的一个要件是共同对外负担义务，该共同义务自然不能以刑事附带民事赔偿范围为限，那会限制共同义务人间追偿

权的行使，入侵民法的领地。犯罪本是一种严重的侵权行为，它破坏了社会秩序，使受害人遭受损失。因此，犯罪人不仅要受到公法惩罚（徒刑、拘役、罚金）以修复被破坏的社会秩序，还要进行私法上的补救（退赔、退赃）以赔偿受害人的合法损失。虽然退赔的法律责任由刑法所直接规定，并以刑事判决责令犯罪人履行，但其本质上仍然是因侵权行为产生的民事赔偿责任。

1. 刑事法律的规定。假设退赔仅是刑事责任而非民事责任。从公法领域来看，犯罪人触犯公法，人民法院主动在刑事判决书中判处犯罪人退赔，以承担刑事责任（公法责任）；从私法领域来看，被害人受到了财产损失，为保护其民事权益，人民法院有权另行以刑事附带民事诉讼要求犯罪人赔偿，承担民事赔偿责任（私法责任）。二者本应并行不悖，但因为刑事判决确认的退赔责任本质上是犯罪人向被害人承担的金钱赔偿责任，这与当事人自行诉请的民事赔偿责任是相同的，所以《刑诉法解释》第一百三十九条禁止被害人另行提起刑事附带民事赔偿诉讼，以避免重复赔偿。

2. 刑民合力救济受害人的需要。退赔由刑事审判判处，并非否认退赔的民事赔偿性质，而是从提高司法效率，有利于被害人维权角度作出的司法安排。当刑事判决确定的退赔责任不足以弥补被害人的损失时，刑事法律是允许被害人以民事诉讼的方式寻求足额赔偿的。《最高人民法院关于刑事附带民事诉讼范围问题的规定》第五条第二款曾规定："经过追缴或者退赔仍不能弥补损失，被害人向人民法院民事审判庭另行提起民事诉讼的，人民法院可以受理。"可以看出，立法者有意将退赔定性为对受害人（被害人）的民事权益修复，为充分保护其权益并降低维权成本，既先在刑事法律中明确退赔义务，不足部分又在民事领域增补救济途径，二者本一脉相承，符合刑事法律保护人民和民事法律保障合法权益的共同任务。